Heinrich Ludwig Reuter

Hanne Nüte un de lütte Pudel

Illustrirte Ausgabe

Heinrich Ludwig Reuter

Hanne Nüte un de lütte Pudel
Illustrirte Ausgabe

ISBN/EAN: 9783742829276

Manufactured in Europe, USA, Canada, Australia, Japa

Cover: Foto ©Thomas Meinert / pixelio.de

Manufactured and distributed by brebook publishing software (www.brebook.com)

Heinrich Ludwig Reuter

Hanne Nüte un de lütte Pudel

Hanne Nüte

un de lütte Pudel.

'Ne Vagel- un Minschengeschicht

von

Fritz Reuter.

Illustrirte Ausgabe

mit 40 Holzschnitten nach Zeichnungen von Otto Speckter.

Wismar und Ludwigslust.

Verlag der Hinstorff'schen Hofbuchhandlung.

1865.

Sinen ollen Fründ

Korl Kräuger

taum Gedächtniß

an de schönen Jungs- un Schauljohren

von den, de't schrewen hett.

1.

As't Sommer würd, un Frühjohr was,
Dunn drewen s' ehr Gössel in't gräune Gras,
Dann sprungen de Gören
Ut Stuben und Dören
Un danzten herümmer in Sünnenschin,
Un't Freuen un't Lachen hadd gor kein En'n,
Un sprungen vör Lust un klappten de Hän'n:

„Kik, Fiken, kik, Pudel! des' säben sünd min.
Kik, Fiken, kik, Pudel! dit's uns' oll grag' Gant,
Un wohrt man jug' Gäns', hei's betsch, de oll Rekel;
Un hollt jug man linksch, un hollt jug tau Hand! —
Süh, nu geit't all los. — Entfahmtige Ekel!" —
Un sei slahn nu un slahn
Mit de barkenen Strûk:
„Willst, Racker, woll glik!
Wat hewwn'n Di uns' Gäns' un uns' Gösseling dahn?" —

So häuken sei runner nah gräune Wisch,
Wo de Frühjohrsdag
Hell dräwer lag,
As en reines Laken up Gottes Disch.
De Disch steiht äwerst man noch arm;
Dor 's nicks von Sommerkost tau sein;
De Blaumen wagen knapp dat Bläun,
Un lacht de Sünn ok hell un warm,
Sei trugen All den Freden nich,
Verstêken un verkrupen sich.
Dat hartlichst Tüg, dat Winterkorn,
Dat spitzt verdeuwelt fin de Uhr'n
Un horkt herute in de Welt,
Ob Rip ok woll un Snei noch föllt;
Dat Blatt, dat kümmt irst ganz bescheiden
Un kickt sik nah den Nachtfrost üm:

„Büst, Racker, hir noch wo herüm?
Irst gah din Weg', nahst will 'k mi breiden."
Blag Oeschen dukt unner den Wepeldurn,
As wullt irst luer'n,
Ob't sik ok schickt,
Dat't fröhlich in de Welt rin kickt;
De Botterblaum, deip in de Bläder
Mit ehren Sünnenangesicht,
Kickt nah de Sünn, as wull sei fragen:
„Na, Swester, segg, kann ik't woll wagen?
Un krieg' w' nahgradens beter Weder?"
Un rechtsch un linksch un hin'n un vören,
Dor spaddelt dat Allens von Gören und Gören,
De springen un wöltern in't grönne Gras;
Dat ein, dat liggt langs, un dat anner verkwas;
Kein Mütz un kein Büx,
Kein Strump un kein Stäwel,
Kein Rock und kein Rix,
Blot Beinen un Knäwel;
So spaddelt dat rümmer in'n Sünnenschin. —
Kann't lichtens up Irren woll beter sin? —

Un in dit lust'ge Kinnerspill
Sitt afsid Ein', woll just so froh,
Ehr junges Hart lacht ebenso;
De Annern springen, doch sei sitt still,

Ehr Mutting hett seggt, dat sel knütten süll.
Dat is de lütt Pudel, lütt Fiken is't.
En smuckeres Dirning von drüttein Johr
Hett Gottes Sünn meindag nich küßt;
De Strahl, de spelt in't krüse Hor
Un küßt de weike Back gesund,
Un küßt den roden frischen Mund
Un slickt sik dörch dat brune Og'
In dat unschüllig Hart herin;
Un as hei dor herümmer frog,
Wo't mit dat lütte Hart well stünn,
Dunn was't so truslich, rein un still,
Un All'ns so woll, un All'ns so will,
Dunn seggt de Strahl: „Dit heww ik söcht!"
Un hett sik för ümmer in't Hart rin leggt. —

Un üm ehr rümmer, dor danzt't un springt't —
Dat Knütten, dat Knütten will gor nicht recht —
Denn kümmt lütt Dürten an un bringt
De schönsten Botterblaumenstengel:
„Mak mi 'ne Käd;" denn kümmt lütt Hanne,
De oll, lütt, dämlich Peiters Bengel,
Mit eine Hand vull Widen nah ehr 'ranne,
De sünd all von verleden Johr,
Un seggt: „Lütt Pudel, mak mi ok en por
Do'n Fläuten, as Korl Westenfurten;

Un gahn kein Fläuten ut, denn mak mi Purlen." —
„„Du lütte Klas, de sünd jo drög!""
Un leggt de Knüttelsticken weg:
„„Möst ok so lang' min Gössel häuden.""
Un löppt sik nah de Bäk hentau
Und snitt dor Widen af tau Fläuten:
„„Nu kumm, lütt Jung', nu kik ok tau!
Süh, so ward't makt, so warden s' sneden.
Nahst möst du kloppen un möst beden:
        Pipen, Papen, Pasterjahn,
        Lat de widen Fläut afgahn,
        Lat s' ok nich verdarben,
        Lat s' recht lustig warden.
Süh so! Nu gah! Ik möt nu knütten.
Korlin, kumm her, un help den Lütten!"" —

    Un as de Fläuten sünd taurecht,
Dunn ward de schöne Lust irst echt:
Sei fläuten un tuten,
Lütt Krischan un Luten
Un Korl un Korlin,
As müßt't man so sin;
Un Jöching Kurt, de steit dorbi
Un kickt tum Heben bimmbenfast
Un fidelt up en Ellernknast
De wunderschönste Melodi.

Un dörch dat Flöuten un Gedudel
Röppt Fiken em, de lütte Pudel:
„Kumm, Jöching, kumm! Wo süht Du ut?"
Un wischt em af de lange Snut.
Un Fritz kümmt äwr'e Wisch tau lopen
Un höllt de beiden Hän'n tauhopen:
„Kik, Pudel, kik! Wat hew ik woll?" —
„„Wat heſt?"" — „'Ne schöne Sparlings-Sei."
„„Dat's woll 'ne jung'?"" — „Ne, dit's 'ne oll." —
„„Wis mi mal her, dat deit ehr wei."" —
„Ne, ne, ik lat mi nich bedreigen,
Gew ik sei Di, denn lettst Du s' fleigen." —
„„Un deist Du't, Fritz, denn deist Du recht,
Uns' Köster hett noch nülich seggt,
Dat wir 'ne Sün'n, en Dirt tau quälen.""
„Dei hett mi hir nicks tau befehlen." —
„„Un bringst Du uns tau Hus den Vagel,
Denn kriggst von Muttern düchtig Tagel.""
„Dei krig ik doch, dat's ganz egal.
Uns' Mutter kriggt mi däglich vör,
Irst in de Stuw, denn in de Dör
Un denn bi'n Fürhird noch einmal." —
Mit einmal springt de Pudel hell in En'n
Un röppt: „„De Wiß!"" un klappt de Hän'n,
Un all't lütt Volk springt utenanner,
Korlin un Korl, Marik un Hanner,

Ein Jeder störr't nah sine Hand,
Un All'ns röppt mit: „De Weih! de Krei!"
Un Fritz, de Klas, grippt nah sin Raub
Un — heidi! geit de Sparlings-Sel.
Un — „Oh!" — un kickt den Vagel nah,
Kickt in de leddig Hand herin:
„Entfahmte Pudel, täuw! Ik slah . . . —
Ne, Fiken, ne, ik dau Di nicks,
Dat süll man 'n Anner wesen sin!" —

Un Jeder hödd nu mit sin Gäus'
Un „Wile! wile!" geit dat ümmer,
Un möten s' mit de Raub herümmer,
Un All'ns is bald in olle Läuf;
Un klüten s' runne von den Dümpel
Un häuden s' nürlich up den Hümpel;
Un wat de Gausendamen sünd,
De sünd ok bald in Rau un Freden,
Sei recken äwer jedes Kind
Den langen Hals, as wull'n sei jeden
Von ehr lütt gel-gräun Voll mal tellen,
Dann up den linken Bein sik stellen
Un recken ut de rechte Flücht,
Un pliren rinne in dat Licht
Un ward'n inwendig up de Wöhen schellen.
Doch de oll Gant, de gris-grag Gant,

De kümmt jo licht noch nich tau Rau;
Den grisen Poll in hoge Kant,
De Flüchten lücht't, den Hals vörut,
So trampst un zischt hei ümmertau,
Süht giftig as 'ne Adder ut
Un fehrt mit Trampsen un mit Zischen
Bi Weg' lang mang de Gören tüschen.
„Gör'n, wohrt jug!" röppt lütt Jöching Smidt,
„Korl, wohr di, Korl! De Racker bitt." —

Un as dat Beist sik so gebird't,
Dunn kümmt in vörnehm stolzen Gang
Den Footstieg äw're Wisch entlang
En staatschen Mann; de Bäcker wir't,
De rike Bäcker an den Mark.
„Ja," seggt Fritz Smidt, „dat is hei, kik,
Wenn'n rup kümmt, wohnt hei rechtschen glik,
Dat is hei sülwst, de Bäcker an den Mark."
Wo schregelt hei so staatschen doch
De Wisch entlang in witten Rock!
Wo lücht't sin lanlingsch Bild von firn!
As wenn sin eigen Backeltrog
Up Stutenflechten güng spazir'n.
Un denn sin weikes, witt Gesicht,
Dat liggt so klunzig dräwer hen,
So pustig-warm, so breid, as wenn

So'n Weitendeig dat Raschen kriggt.
Un up den Deig, dor satt 'ne Mütz,
So bunting neiht mit Spitz an Spitz,
Mit säben Rillen un säben Timpen,
„Pattkauken" künn'n den Deckel schlimpen. —

De Bäcker schregelt langsam wider
Un dacht an wat un dacht an nicks,
Wupp! fohrt de Gant em in de Büx.
Wo schot de Schreck em dörch de Glider!
Hei stött mit Bein, hei stött mit Hacken,
Dat Beist deit ümmer faster packen,
Un all de Gäus', de kamen ran
Un snatern un schri'n
Üm den bossigen Mann
Un warden sik richten
Un welt'n mit de Flüchten,
Un de Gören, de lachen,
Wo de Bäcker an'n Markt sik af müt marachen.
Dat Gott sik erbarm!
Wat is't för'n Heiden-Höllen-Larm! —

Tauletzt denn ward hei los nu sin
Un fohrt vull Wuth up de Gören in;
De — hest Du't nich seih'n! —
De preschen voneln,
De Tüffeln herunne von ehre Bein,

Un flitschen dörch Hassel un Duren-Rämel
Un rönnen un stahn un lachen en Strämel
Un klappen de Tüffel tausam in de Hand
Un raupen denn ümmer: „De Gant! de Gant!"
Un ok de lütt Pudel leggt weg de Knütt
Un lacht ut vullen Harten mit.
De Bäcker von'n Mark, de ward dat gewohr,
Un as hei de Annern nich krigen kann,
Dunn towt hei ganz wüthig den Pudel an,
Un ritt em tau Höcht in dat kruse Hor:
„Di hew ik an, entfamte Dirn!"
Un all de Gören stahn von firn
Un rohren un schri'n:
„Dat lett Hel fin!"
Weck ward'n sik up dat Bidden leggen,
De annern, de willen't „uns' Mutter" seggen,
Un Hanne Peiters steckt all teigen Knäwel
In sine hübsche breite Kel
Un brüllt tau Höcht, woll ober äwel,
As wenn hei an dat Spitt all stek.
De lütte Pudel rohrt: „Hei lett mi gahn!
Ik hew Em nicks tau Leden dahn."
Je ja, je ja! De Bäcker holt all ut,
Bauz! fohrt en Slag em in de Snut,
Un as en swarten Tintenklecks,
De em was fallen in de Lex,

Steit Hanne Nüte vör em tau,
De Smädjung': „„Lettst dat Kind in Rau,
Du Röwer, Du? Wat helt s' Di dahn?
Kannst Du nich Dine Straten gahn?““

Un likt ut't swarte Schortfell rute,
Dat flackrig üm de Bein em slog,
So trotzig, swart bet't Witt in't Og'.
Un all de Gören, Krischan, Lute,
Korlin, Marik, de kamen ranne
Un stell'n sik seker achter em

Un: „Hau em düchtig, düchtig, Hanne!“
Un: „Kik den Kirl! Wat will hei denn?“
Un: „Will hei uns' lütt Fiken slahn?“
Un: „Blot de Gant hett em wat dahn.“ —
So krein sei ut dat seler Nest. —
De Bäcker höllt't denn ok för't Best
Un söcht sik den Pottkauken up,
De was in't Gras em runne follen,
Un stülpt em up den Deig herup.
Un dreiht sik üm, de Bäcker an den Mark:
„Täuw, ik kam hüt nah Dinen Ollen!
Ik will Di wisen, wat 'ne Hark.“ —
„„Wat hei mi kann? Hei kann mi nicks,““
Seggt Hanne Nüte. — „Kik,“ röppt Fritz,
„Wat hett hei för 'ne gele Büx!“ —
„„Wat hett hei för 'ne timpig Mütz!““
Röppt Jochen Voldt. „„Hei Dummerjahn!
Un hei will uns' lütt Fiken slahn?““ —
Un Hanne Petters treckt de Hand
Ut't Mul herut un röppt: „De Gant!“ —
Un as de Bäcker sik ümdreiht,
Dunn steckt hei wedder rin de Hand
Un brüllt, as wenn't üm't Leben geiht. —

Un Hanne Nüte strakt de Dirn:
„Lütt Pudel, dedst Di woll verfir'n?

Nu lat't man sin un ängst Di nich,
De Kirl, de kümmt nich wedder t'rügg." —
Un't oll lütt Wörming lickt tau Höcht
Un fött sin swarte Hand un seggt:
„„Ach, Hanne, nu kriggst Du woll Släg'?"" —
„Ja, wenn hei nah den Ollen geit,
Denn glöw 'k, dat de mi schachten deil,
Doch äwerst, ne! Dit is kein Lög',
Hir steckt sik Mutter woll noch mang,
Dit ward en bloten Äwergang.
Bi Leigen un bi Falschheit krig 'k dat Ledder
Blot vull. — Ne, Pudel, dit verblöre sik wedder."
Un Hanne Nüte geit sin Weg',
De Pudel tmüt't, de Gören spelen,
Un 's Abends, as kein Gössel'n fehlen,
Hett All'ns sin Schick un sinen Dög'. —
Un bi de Nachtkost, dor vertellen s'
Un up den riken Bäcker schellen s',
Den riken Bäcker an den Mark,
Un laben den Pudel nah allen Kanten
Un Hanne Nüte'n sin Heldenwark
Un denn vör Allen den grisen Ganten.

———

2.

Uns' Hanne Nüte was dat einzigst Kind
Von oll Smid Snuten tau Gallin,
Un wo denn nu de Lüd' so sünd,
Irst säden s' tau den Jungen Snüte
Un nahsten säden s' Hanne Nüte.
Un desen Nam müßt hei behollen.
Dat ärgert irst de beiden Ollen,
Vör All'n was Mutter nich tausreden,
Wenn s' tau den Jungen „Nüte" säden.
In't Irst rep s' oft ut't Finster rut:
„Hei heit nich „Nüte", hei heit „Snut"!"
„„Na,"" säd de Oll denn, „„lat man wesen!
Wenn hei man schriwen kann un lesen
Un denn sin Handwark gaud versteit
Un nahsten denn up Wannern geit,
Denn is't egal, denn kümmt't up Eins herut,
Sei seggen „Nüte" oder „Snut"."" —

Ok uns' lütt Pudel was tau den Namen,
As Hanne Nüle, unschüllig kamen,
Denn döfft was sei up Fiken Smidten.
Nu wiren in't Dörp drei Fiken Smidten,
De ein, de kunn nich richtig snacken,
De nennten sei denn Stamer — Fiken;
De anner hadd mal lange Hacken,
De nennten s' dornah Plphack — Fiken,
Un uns' lütt Fiken würd Pudel heiten,
Von wegen ehr kruses, brunes Hor.
Na, frilich müßt't ehr irst verdreiten
Un oftmals ded't ehr herzlich wei,
Denn säd ehr Mutting: „Dirn, so rohr!
So'n Nam, dat is jo einerlei!
Wenn du man blot kein Pudel büst,
Un dorför willt Di denn woll wohren, —
Nu kumm man her un lat dat Rohren.“
Un treckt sei up den Schot und küßt
Sei fründlich up de witte Stirn:
„Süh, Fiken, büst min öllste Dirn;
Wenn Du mi ut de Ort nich sleist
Un'n ihrbor Mäten warden deist,
Denn folgen nahst uns' annern Nägen
As Hamel nah up gauden Wegen;
Doch, Dirn, wardst Du Di nich gaud schicken
Un kümmst mi mal tau Hus sülwt twei,

Denn slag'k de Knaken Di entwei. —
Nu nimm den Korf un gah hen plücken."

So wuß uns' Pudel denn tau Höh,
Un ok tauglik de annern Rägen,
Un wenn ok Mutter dornah seg,
Sei müßt tau ofl up Arbeit gahn,
Uns' Fiken müßt den ganzen Segen
Von Gören räuken, wohren, säuben,
Un hadd uns' Mutter ok dat Slahn
Un höll all Abends streng' Gericht,
Lütt Fiken müßt doch möten, häuden,
Dat Dürten sik nicks föll taunicht,
Dat Fritz nich mit de Ax ded spelen,
Dat Korl un Ludwig sik nich slogen,
Un Jöching sik nich wergt vör sichtlich Ogen
Mit Vadern sinen Karrensälen,
Dat Krischan sik nich wull balbiren,
Un dat lütt Rikking led nich rinne
In't salnig Water, un lütt Hinne
Nich up de Sodlist güng spaziren. —

So wuß sei denn in Arbeit up
Roth as 'ne Ros', rank as 'ne Pupp,
Den Kopp all ilwig vull von Sorgen,
Dat Hart so rein as Frühjohrsmorgen,

De Hand woll hart, doch weik de Sinn,
An Kledung arm, an Dugend rik,
So was de Pudel, was lütt Fik,
As sei vör Gott an't Altor stünn. —
Herr Paster hett sei baben stellt,
Em dünkt, dat hüt an so'n Urt
Kein Rang un Stand un Rikdom gelt,
Wil dat lütt Fik in Gotteswurt
Von All'n am besten weit Bescheid.
Un as sei dor in Rock un Mütz
Demäudig-arm un fründlich steit,
Dunn bewt sik Allens von den Sitz
Un fröggt: „Wer mag de Öbberst sin?"
Dunn geiht en Flustern dörch de Reihn:
„„De Pudel is't, oll Smidten sin."" —
„Na, hett de Düwel so wat sehn!"
Seggt oll rik Voldt. „Nu kik mal!" seggt 'e
„So'n Snurrers mihr as Burendöchter!" —
Un as sei ut de Kirch rut gahn,
Dunn pust en olles Burenwiw:
„„Dat hett kein Hemd up sinen Liw,
Un dat möt hüt as Öbberst stahn!"" —
„Ja," seggt Smidt Snut, „un dat mit Recht.
Wenn Einer so sin Lex upseggt,
In'n Katekism weit Bescheid,
Denn hürt sik, dat hei baben steit.

Ji, mit Jug' ollen dummen Dirns!
Grad as up't dämlich Mul slahn wiren s'!
Ji denkt man ümmer an Jug' Geld;
Geld ward vör Gott nich baben stellt."
„„Ja, Vadder,"" seggt de Wewer Fram,
„„Dorin stimm ik mit Di tausam."" —
Un oll Stathöller Möller seggt:
„Ja, Meister Snut, Sei hewwen Recht,
Wat is't för'n oll lütt, klaukes Mäken!" —
„Ja," seggt Radmaker Winkelband,
„Un hett meindag' nich müssig seten
Un ümmer hett s' wat in de Hand,
Un denn so ihrlich un so tru,
Un denn so'n klores, smuck Gesicht,
Wer de mal eins taum Deinen kriggt,
Un wer de mal eins kriggt as Fru,
De ward wohrhaftig nich bedragen.
Dor kümmt de Köster ran,
Den känt Ji fragen."
Un Köster Sur kümmt ran: „„Ja, Vadder Snut,
Die wär' gelehrsamer, as Din Jehann.
Ich sag' natürlich nicks nich gegen Hannern.
Un zworst worum? — Der Jung' wär' gut,
Er wüßt Stein besser, as die Annern;
Indessen doch, Natur der Wissenschaft
Und das Verhältniß der Behaltungskraft,

Das fehlt ihm mehr an is mit Smirten-Fiken,
Die vor gewöhnlich man den Pudel heißt.
In Hinsicht diesen gor nich zu vergliken,
Die hätt' einen himmelantregenden Geist."" —
„Na," seggt oll Snut, „man nich tau hoch!
Indessen freu't mi't, dat oll Smidt,
De mit de velen Gören sitt,
Hüt för sin Öllst de irste Nummer tog." —

Smidt Snut geit nu nah Hus, entlang de Del,
Un denkt nich an sin Middageten,
Geit nah en Flag, dor hadd hei vel
Un oftmals in Gedanken seten;
Denn up dit Flag hadd hei tau allen Stun'n
För sin Gedanken Utkunft fun'n.
Hei set't de Ellbag'n up de Knei
Un led de Hand sik an de Backen
Un simmelirt un denn kunn hei
De allerswön'nsten Nät upknacken. —

So hüt denn ok; un kümmt herin un seggt:
„So, Mutter, hewwt'l mi öwerleggt,
Un Du hest säker nicks dorwedder,"
Un strakt ehr öwer dat Gesicht —
De Olsch, de hadd en dägtes Ledder,
Doch so'ne Smädhand, wenn sei't Straken kriggt,

De 's grad so sacht un fin un zert,
As wenn 'ne Raspel dräwer fohrt;
De Olsch, de zupft denn ok en Beten —
„Na, Mutter, hür mal, wat ik mein;
De Smidten-Dirn, dat is en Mäten,
Dat is en Stolz för de Gemein,
Doch mit de Oll'n is dat man swack.
Wat meinst Du tau en Schepel Tüften?
Süh, uns' Jehann, de nimmt den Sack
Un lad't em up de Karr un schüwwt en
Herun; Du giwwst en Büdel Mehl,
Ik för den Oll'n en Pund Toback,
Jehann, de makt en schön Empfehl—"
„„Holt,““ seggt de Olsch, „„so geiht nich, Snut
Mit Kumpelmenten kümmst nich t'recht.
Wenn so de Jung', as Du willst, seggt,
Denn kümmt 't man ganz erbärmlich rut.
Ne, 't is man armes Volk de Smidten,
Doch arm un rik, dat's ganz egal,
En Kumpelment möt allemal
Stramm sneden ward'n un stramm ok sitten. —
Jung', knöp den Rock Di tau un hal Din Mütz
Un nimm de Karr un karr nah Smidt's:
Empfehlung von de Snuten-Lüd'
An Smidten un an Smidtschen,
Un't freut uns sihr un't freut uns hüt,

Un schickten hir en Bitschen
Un nemen Geld' uns hüt de Ihr —
Un gliek vör ungaud derentwegen,
Un dat dat man so wenig wir,
Un för lütt Fiken Gottes Segen.
Nu segg't mal her, hest't nu behollen?""

Jehann, de weit't, lad't up un karrt
De Strat hendal; de beiden Ollen
De liken glücklich achter her,
Un Snut, de seggt: „De Jung', de ward.
Hei sleit mi all ganz nüdlich vör
Un is as en rechten strew'gen Hund,
Un blimwt de Slüngel man gesund,
Denn lihrt hei echter Iehr all ut,
Un is't so wid, denn sall hei wannern." —
„„Na,"" seggt de Olsch, „„na, Gott sei Dank!
Denn heit hei endlich Jehann Snut;
Dit „Nüteseggen" un dit „Hannern"
Dit wohrt mi ok all vel tau lang.""

3.

De Tid vergeit. Nah Johr un Dag
Sitt Snut up sin Gedankenslag;
Hei sitt un sitt un simmelirt,
En gor tau swor Stück Arbeit wir't,
Ob't so woll müßt, ob't so woll güng,
Un ob hei't so woll klauk anfüng,
Un ob dat Mutter ok woll lide —
Hei drucks't un drucks't un sitt un sitt. —
„Mein Gott," seggt Smutich, „wat dit woll heit?
Hei kümmt noch nich? — Dit's sonderboren! —
So lang' pleggt dat doch süs nich wohren.
Weit, dat dat Eten farig steit,
Un kümmt nich rin. — Segg mal, Jehann,
Hest Du mit Vadern hüt wat hatt?" —
„„Ik? — Ne, bewohr! — Wat süll ik hewwen? —
Hei slog vernaeern de Klammern an,
Un ik beslog dat Achterrad,
Dunn kamm hei rut, besach dat Stück,

Nickt mit den Kopp un lacht vör sik
So heimlich hen, ganz in de Smäd
Un't was, as wenn hei dor wat säd,
Doch wat dat was, kunn 'k nich verstahn.'' —
„Mein Gott," seggt Snutsch, „wat dit woll heit? ..."
Dunn kümmt oll Snut herin tau gahn
Mit groten Irnst un Ihrborkeit:
„„Hüt, Mutter, is en Freudendag;
Ik hed't mi up min olles Flag
Irst ganz gehürig äwerleggen,
Doch nu kann ik't mit Wohrheit seggen,
Mit unsen Jung'n will't sik regiren:
Wer ein'n föhtöll'gen Reisen leggt
Un kriggt dat ganz alleine t'recht,
Wotau twei düch't'ge Kirls süs hüren,
De'n Smidt is echt.
Un, Jung'! — Von Gott hest Du de Knaken,
Tau'n düch't'gen Smidt ded ik Di maken,
De Köster hett dat Sinig dahn,
Gottesfurcht hest von den Preister lihrt
Un nicks as Gauds von Ollern hürt,
Nu kannst Du in de Frömd rin gahn,
Un morgen schriwen wi Di ut."" —
„Ja," seggt de Olsch un kickt em an
So äwerglücklich, „na, Jehann,
Denn heißt Du endlich Jehann Snut;

Un maken s' Di irst tau'm Gesellen,
Denn lat Di nich mihr Nüter schellen." —

As nu denn ok den annern Morrn
Ehr leiw Jehann Gesell was word'n,
Dunn hett de Olsch denn gor tau vill
Tau neihn un an tau stoppen fungen;
Oll Smit sorgt för en nigen Jungen,
De em den Püster trecken süll.

So kamm denn ran de letzt April,
Un Hanne gung von Dör tau Dören
Dörch't ganze Dörp un säd Adjü:
„Adjüs ok, Smidtsch! Adjüs ok, Gören!
Adjüs, lütt Pudel! Denk an mi!"
Un nah den Köster kümmt hei dunn,
De just bi sine Immen stunn:
„Adjüs, Herr Sur, ik kam tau Sei
Un wull mi doch bi Sei bedanken
För all ehr Gaudheit un ehr Mäuh,
Denn morgen is de irste Mai,
Denn wull ik in de Welt rin wanken." —
„„Sie wollen also jetzt auf Reisen,""
Frögt Köster Sur, „„mein lieber Hanne?
Denn muß es wohl „Herr Rüte" heißen. —
Die junge Menschheit wäßt heranne

In's Handrümdreihn, man weiß nich wo,
Un mit die Imm is't ebenso;
Es ist dasselbigte Ereigniß.
Sehn Sie die Imm hier zum Vergleichniß;
Das fliegt in't Irst blot in den Goren,
Jedennoch bald — wo lang' wird's wehren —
Denn fliegt dat äwer't Feld heräwer
Nah'n Klewerslag, — kein besseres Insect
Gibt's for die Imm, as witte Klewer —
Un wenn das nun so rümmer treckt
Von Blaum tau Blaum, denn sugt das Honnig
Un jede kehrt zurück in ihr Behältniß,
Un darum auch, Herr Nüte, konn ich
Sie stellen in dasselbigte Verhältniß.
Un zworst worum? — Sie fliegen as die Imm
In't Irst nu in die Welt hinaus,
Sie sugen hier und da herüm
Un bringen Honnig mit nach Haus;
Arbeiten is dat Honnigsugend,
Un Honnig Wissenschaft un Dugend.
Un nu, Herr Nüte, noch 'ne Bitt'!
As ik von ehre Reis' hew hürt,
So hätt ich mich drauf präkawirt,
Sie nehmen woll en Brief mich mit.
Als ich noch wäre in der Schlesing,
Da kennt ich mal en nettes Mäten

Un hätt auch in's Verhältniß seten
Ziemlich genau mit ihr, sie hieß Theresing,
Ihr Vater wär' ein Webermeister,
Und Anton David Rether heißt er
Und hält' en Bruder, der hieß Luter,
Und dicht vor Pollwitz wohnen thut er.
Wenn's Ihnen also menschenmöglich,
Denn grüßen Sie ihr ganz vorzüglich,
Und sagen S' ihr, ich säß' nu hier
Und hätte sehr geliebet ihr,
Und dieser Brief, der käm von mich
Und dächt' noch immer an die Zeiten. —
Un wat min Fru is, darw't nich weiten." —
Ach, arme, arme Köster Sur!
Ein Fru stunn achter't Immenschur
Un kamm nu achter't Schur herut:
„„Her mit den legen Breif, Musch Snut!““
Un ihr dat Einer hinnern kunn,
Ritt s' — ritsch un ratsch! — dat Siegel run:
„„Mein süßer Engel!““ — Dit ward nett!
Wo't woll so'n „süßen Engel" lett? —
„Ich grüße Dir nach langer Zeit,
Doch leider bün ich schon verfrei't —"
So? „leider!" — Töuw, dit willn w' uns marken!
Ik denk, hei schriwwt an Pächter Swing'
Von wegen en lütt gadlich Farken,

Un hei schriwwt niederträcht'ge Ding'! —
„Was meine Frau, is mitten in de Welt,
Sie hätte zwerst en Bitschen Geld,

Weiß mit die Wirthschaft gut Bescheid
Un is auch for die Reinlichkeit,
Indessen doch — was will das All bedeuten? —
'S sind doch nich meine schles'schen Zeiten!
As mich Dein Arm so sanft umfieß,

Dein Mund sich von mich küssen ließ" —
Pfui! pfui! Du führst hier saub're Reden!
Un de Person, de hett dat leden?
Un dese junge, dumme Bengel,
De soll Aporten dragen an den „süßen Engel?"
Du schämst Di nich? Du sallst hier Kinner lihren
Un willst hier Frugenslüd verführen?"" —
„Oh Dürten," röppt uns' Köster Sar,
„Oh Doris, bitte, hör doch nur!" —
„„Ik hüren? — Ne, ik will nicks hüren.
Ik hew'w't jo lesen, hew'w't jo seihn!
Bestell Di doch „Dein süßes Engelein,"
De kann Di jo de Grütt umrühren,
Denn up dat Für strit uns' Grütt, —
Ik bün jo doch tau nicks nich nütt, —
Lat doch den „süßen Engel" kamen,
De rührt Di ok de Klümp tausamen,
De Engel kann dat Bir hüt proppen,
De Strümp Di ok hüt Abend stoppen,
Di morgen früh de Stuw utfegen,
Di Fauder halen för de Zegen,
Dat Holt Di in de Käk rin drägen,
Di waschen, räuken, hegen, plegen;
Un ik, ik krieg denn ok bi Wegen
Tau seihn, wat Ein en „Engel" nennt,
Un ward mi recht vergnäuglich hägen,

Wenn Jug de Grütt un Leiw anbrennt.""
Un dormit ritt sei — ein, twei, drei —
Den ganzen Liebesbreiw intwei
Un springt duun in de Käk herin:
„„Un dat will gor verleiwt noch sin?
Mit grise Hor un kopprig Snut,
Verdrägt as so'n Rosinenstengel?""
Un halt en Bessen acht'r'e Dör herut:
„„Süh! kumm mi man mit Dinen Engel!""
Un Sur steit dor verdutzt, verzagt:
„Ich hätt' ja blos man so gesagt,
Man blos so thun, mein liebes Dürten!
Ich hätt' es wirklich man in Würten,
As de Katteiker in den Start.
Geliebte Dürten, Doris, Dorothee,
Du weißt jo doch: Dein is min Hart,
Und wenn ich Dir so mit den Bessen seh ..."
Swabb! smitt sin Dürten, sine leiwe Fru,
De Dör em vör de Ogen tau.
Hei kratzt den Kopp: „Da steh ich nu!
Herr Nüte, wenn ik raden dau,
Heirathen S' nie sik eine Fru;
Denn Swächlichkeit is das Geslecht,
Kein einzigst Farw is bei ihr echt;
Dat Bitschen Schönheit kommt zur Geltniß,
Un jämmerlich is ihr Verhältniß.

Ich hab' hauptsächlich blos den Brief geschrieben,
Mich in die Liebes-Schreibart einzuüben;
Denn der Artikel geht nicht slecht.
Die Lieb' kommt allerweg' zurecht,
Wo jugendvolle Herzen blühn;
Auch hier bei uns, hier in Gollin.
Doch wenn ich mir in Liebe übe,
Ist's blos um's Brod, nicht um die Liebe.
Was meinen Sie, krieg ich for so en Jungen,
Und's Jahr is um, wenn ich ihn lern?
Nich halb so viel, as Durtig Bungen
For Liebesbrief mir zahlet gern.
Die Lieb', Herr Nüte, is en Kram,
Der führt verdeuwelt viel im Mun'n;
Uns Herrgott führt die Herzen woll tausam,
Wo aber wird der Ausdruck fun'n?
Uns Herrgott kümmert sich nich d'rum,
Er säet blos die Liebessaat;
Ein Liebender, der würklich Liebe hat,
Is for den Ausdruck viel zu dumm;
Darum bün ich darauf verfollen,
Die Liebesleut' tausam tau hollen
Und Ausdruck ihrer Lieb' zu geben,
Herr Nüte, for ein Billiges.
Un auch bei Ihnen will ich es,
Wenn's Ihnen mal passirt im Leben.

Und marken S' sich gefälligst dies.
Un nu, Herr Küle, nu adjüs!" —
Un Hanne seggt: „Adjüs, Herr Sur!"
Un bögt rechtsch üm de Kirchhofsmur
Un geit herup nah'n Herrn Pastuuren. —

4.

De oll Herr Paster, ganz verluren
In all de schöne Frühjorspracht,
Geit unn're Linden up un dal;
Sin Og is hell, sin Hart dat lacht
Un freut sik, dat dat noch einmal
Den gräunen Bom, de junge Sat,
De Welt in ehren Frühjohrsstat,
Mit olle Leiw ümfaten kann.
So lichting ward den ollen Mann;
De bleiken Backen farben sich,
Hei schüwwt sin swartes Käppel trügg
Un fröhlich in de Welt rin süht 'e.
Dunn kümmt Jehann herup tau gahn,
De oll Herr süht't un bliwwt bestahn:
„Sag' mal, Sophie, ist das nicht Hanne Nüte?“ —
„„Ja, Vater.““ — „Ei, was führt den her?
So weiß und roth, man kennt ihn gar nicht mehr!
'S ist doch 'ne wundervolle Zeit,

Die Frühlingszeit; selbst Schmiedejungen
Sind aus den ruß'gen Essen heut
Zu lichten Farben durchgedrungen.
Sieh blos mal diesen Hanne Nüte,
Er blüht wie Ros' und Apfelblüthe!" —
Un unse Smädjung' kümmt nu ranne
Un sinen Filz herunne tüht'e:
„Gun Morrn, Herr Pastur!" — „„Morgen, Hanne! —
Was wünschest Du mein lieber Sohn?"" —
„Je, Herr Pastur, ik hadd min Prefeschen
Nu richtig lihrt un bün Gesell,
Un gistern schrewen sei mi ut." —
„„Das ist ja prächtig, lieber Schnut! —
Sophiechen, liebes Kind, geh schnell
Zu Mutter, Schnut wär' nun Gesell,
Sie sollt' 'ne Flasche Wein rausschicken,
Und bring' auch ein Paar Gläser mit,
Wir wollen an den Tisch hier rücken."" —
De Win, de kümmt. — „„Also ein Schmidt,
Neu von der Elle,
Ein ausgeschriebener Geselle?"" —
„Ja, Herr, un wull Ajüs doch seggen." —
„„Dann soll's nun wohl auf's Wandern gehn?"" —
„Ja, morgen, dacht wi, Herr Pastur." —
„„Ei, ei! Das ist ja wunderschön!
Am ersten Mai auf Reisen gehn,

Wenn neu erwacht ist die Natur,
Wenn Alles grünt und Alles blüht,
Bei Drosselschlag und Lerchenlied
Zu ziehen durch die schöne Welt:
Ich hab' mein Sach' auf nichts gestellt.
Juchhei!
Und wer will mein Kamerade sein,
Mit frohem Muth und leichtem Sinn
Zu wandern und ziehen am ersten Mai? —
Trink aus, mein Sohn, trink aus den Wein!
Drink man, min Söhn, ik schenk Di wedder in! —
Ja, wenn's mein Stand und Alter litt',
Ich zög' wahrhaftig gerne mit.
Und wo geht denn die Reise hin?" —
„Je, Vader meint in't Reich herin
Un den nah Belligen un Flandern,
Un wenn dat möglich wesen künn,
Denn süll ik ok nah England wandern." —
„„Und da hat Vater Recht, mein Sohn,
Die Hauptsach' ist die Profession,
Eins soll der Mensch von Grund aus lernen;
In einem Stücke muß er reifen,
Und in der Nähe, in den Fernen
In seiner Kunst das Beste greifen,
Dann kann er dreist mit Fug und Recht,
Sei's Handwerksmann, sei's Ackerknecht,

Sich stellen in der Bürger Reih'n,
Er wird ein Mann und Meister sein.
Und meint denn Mutter ebenso?"" —
„Ne, Mutter meint nah Teterow,
Un höchstens meint sei bet nah Swaan,
Doch wider süll ik jo nich gahn." —
„„Ja, ja! Ich dacht's! Das ist der Mütter Art:
Sie halten gern im engsten Schrein
Ihr liebes Kind vor Fährlichkeit verwahrt,
Und bei den Töchtern mag's auch richtig sein.
Doch bei den Jungen sag' ich: nein!
So'n Bursch muß durch die Länder schweifen,
Die Ecken, Kanten 'runter schleifen,
Muß lernen, sich zu tummeln, rühren,
Den Stoß durch Gegenstoß pariren,
Bald unten und bald oben liegen,
Den Feind bekämpfen und besiegen,
Bis in ihm fertig ist der Mann
Und er sich selbst besiegen kann. —
Darauf — komm her! — trink mit mir aus!
Und kehr' als tücht'ger Kerl nach Haus! —
Und nun noch eins! — Kannst Du's verbinden
Mit Deiner Reise ernsten Zwecken,
So suche Deinen Wanderstecken
Mit bunten Blumen zu umwinden;
Zieh durch die schönen deutschen Länder,

Schau von dem Berg auf Waldesgrün
Und auf der Ströme Silberbänder,
Die sich durch Aehrenfelder ziehn.
Begrüß die Städte altersgrau,
Wo Sitte wohnt und deutsche Art,
Und grüß von mir den edlen Gau,
Wo dieser Wein gekeltert ward. —
Sieh mich, mein Sohn! In meinen alten Tagen
Lebt frisch noch die Erinnerung,
Als ich, wie Du, einst frei und jung
Den Flug that in die Ferne wagen.
Ach Jena! Jena! lieber Sohn,
Sag' mal, hört'st Du von Jena schon?
Hast Du von Jena mal gelesen?
Ich bin ein Jahr darin gewesen,
Als ich noch Studiosus war.
Was war das für ein schönes Jahr!
Ach, geh mir doch mit Matters Schwaan
Und mit des Alten Engeland,
Nein, Ziegenhan und Lichtenhan,
Und dann der Fuchsthurm, wohlbekannt,
Und auf dem Keller die Frau Vetter —
Es war ein Leben, wie für Götter! —
Trink mal, mein Sohn, trink aus den Wein;
Ich schenk' uns beiden wieder ein. —
Und auf dem Markte standen wir,

Zur Hand ein Jeder sein Rappier,
Und Terz und Quart und Quartrevers —
Gieb mir Dein Glas nur wieder her —
Die flogen links und rechts hinüber!

Ja, ja, da ging es scharf, mein Lieber!""
Un nimmt en En'n von Bohnenschacht:
„Sieh so, mein Sohn, so ward's gemacht,
So lag man aus, so kreuzte man die Klingen.""
Un stellt en pormal krüz un quer

Un fängt dunn dütlich an tau singen. —
Sin leiwe Fru stunn acht're Dör: —
„„Stoßt an! Jena soll leben!
Hurrah, hoch!
Stoßt an! Jena soll leben!
Hurrah, hoch!
Die Philister sind uns gewogen meist,
Sie wissen den Teufel, was Freiheit heißt.
So ging's, so ging's, mein lieber Schmut.““ —
Dunn kümmt sin leiwe Fru herut
Un schürr't den Kopp un kickt em an:
„Ich weiß nicht, Vater, wie du bist,
Wie man so weltlich singen kann!
Wie kannst Du so ein Beispiel geben?“ —
„„Ja so! Ja so! Mein Kind, mir ist
Das heit're junge Frühlingsleben,
Der Wein und die Erinnerungen
An Zeiten, wo dies Lied wir sungen,
Ein Bischen in den Kopf gestiegen.
Doch Du hast Recht! — Mein lieber Sohn,
Laß Dich von Thorheit nicht betrügen!
Es ist auf Erden Alles eitel,
Das sagt schon König Salomon;
Und von der Sohle bis zum Scheitel
Sind wir der Thorheit preisgegeben.
Nimm vor der Thorheit Dich in Acht!““

Un set't bi Sid den Bohnenschacht. —
„Die Kunst ist lang, kurz ist das Leben." —
Un geit mit Hannern bet an't Dür: —
„Sieh um Dich, Sohn! Die ganze Creatur
Ist in der Sünde tief versunken
Und seit dem ersten Sündenfall
Hat sie zum Himmel 'rauf gestunken. —
Halt mal! War das die Nachtigall? —
Wahrhaftig, ja! — Bleib' doch mal stehn!
Ja, ja, sie ist's. — Wie wunderschön! —
Ja, ja, verderbt ist die Natur
Und liegt in Höllen-Sündenbanden,
Und durch die Lust der Creatur
Macht uns der Böse all zu Schanden.
Darum, mein Sohn ... — Ei, ei, da ist sie wieder! —
Wie legen sich die Nachtigallenlieder
So trostvoll doch an's Menschenherz!
Als wenn sie mit der Sehnsucht Klängen
Vom Himmel zu uns nieder drängen,
Zu ziehn die Seele himmelwärts,
So süß-gewaltig ist ihr Ton! —
Nun, nun, Du reisest morgen schon —
Wir sprachen eben von der Sünde —
Nun reis' mit Gott, mein lieber Sohn!
Ich sag' Dir später meine Gründe
Für die Verderbtheit der Natur." —

„Na, denn adjüs ok, Herr Pastur!“ —
Un Hanne geit, doch as hei sik
Rechtsch in de Strat will rümmer wen'n,
Röppt em de Herr Pastur taurügg,
Leggt an den Mund de beiden Hän'n
Un röppt em tau: „„Ein Wurt noch, Sähn! —
Ich würde doch nach Jena gehn!““

5.

Den annern Dag steit Meister Snut
In sine Smäd. — Wo halt hei ut!
Wo haut hei up dat Isen in!
De Funken flogen vör Gewalt
Em glänznig in't Gesicht herin.
Dat zischt un brus't, dat kleppt un klung!
De ganz oll Smäd, de pus't un knallt:
„So, nu man tau! Treck düller, Jung!" —
De Püster-Jung', de treckt un treckt,
Het hei vör Hitt de Tung' uttreckt,
Un blöst ut Näs' un pust ut Nüster
Noch düller, as sin eigen Püster.

Den Meister is hüt nicks tau Dank,
Sin Red is barsch, sin Stirn is krus;
Dunn kümmt den Gorentun entlang
Jehann un Mutter ut dat Hus.
Jehann, den Bündel upgesackt,
Den nigen Haut in Wachsdauk packt,

Swung sinen knirkern Stock herüm,
As wenn hüt up de ganze Ird
Kein Smädgesell so lustig wir.
Doch üm dat Hart was em so slimm,
Em was seindag' noch nich as hüt:
Ach Gott, de Welt, de was so wid!
Künn hei sik dorin woll taurecht?
Hei hadd tau Hus woll bliwen müggt. —

De Ollsch, de gung an sine Sid,
De Hand up sine Schuller leggt,
De blage Schört vör dat Gesicht:
„Jehanning, wander nich tau wid,
Ik heww meindag süs keine Rau,
Gah nich ut Meckelborg herut.
För Di is't grot naug, Jehann Snut;
Un nimmst Du't Strelitzsch noch dortau —
Herr Je! Wo wullst Du denn noch hen?
Un schriw uns ok mal denn un wenn."
Un drückt de Schört sik an dat Og'
Un rohrt en Stück, doch binnen flog
Dat Hart so stolz, as't slagen kann,
Dat s' so'n statschen Jungen tog.
So kamen s' nah de Smäd heran. —

Oll Snut hau't up dat Isen in,
Dat zischt un sus't, dat klingt un knallt,

De Püsterjung' treckt vör Gewalt,
De Püster pust, all wat hei künn.
„Ach, Vader," seggt de Ollsch. — „„Na, Vader,""
seggt de Jung' —
De Oll, de smäd't, dat't knallt un klung' —
„Hei is nu hir ..." — „„Ik bin nu hir ...."" —
Oll Zuut grippt mit de Tang' in't Fü'r —
Witt gläuht dat Isen linkelang,
De Vörslag klimpert pinke — pank,
Bautz! föllt de grote Hamer dal,
Un noch einmal, un noch einmal!
As wenn so'n Oß föllt ut 'ne Bäuk,
Un't Isen wind't sik winkelweil,
Un Füer sprigt un Funken stöwen. —
„„Na, Vader, willst kein Antwurt gewen?""
„Jo, Vader, wull adjüs nu seggen." —
De Oll ward weg den Hamer leggen
Un dreit sik üm: „„Is dat Manir?
So kümmst Du in 'ne Smäd herein?
Wer, meinst Du, dat ik för Di bün?
Hest Du den Bündel up den Nacken,
Denn möst Di an den Meister wen'n,
Dat Vaderseggen hett en En'n,
Denn heit't mit mi „auf Hufschmidtsch" snacken."" —
Jehann gung stilling ut de Smäd.
Wo schot bi Vadern sine Red

Dat Blaud em gläunig in't Gesicht,
Dat't as sin Vaders Isen lücht't!
Hei kamm taurügg un stunn nu dor,
Den blanken Haut up't gele Hor,

Stiw as en Pahl, grad as 'ne Ell
Un kek nich rechtsch un linksch un frög:
„Mit Gunst, daß ich 'rein schreiten mög'?
Gott ehr' das Handwerk Meister und Gesell." —
„Süh so, min Söhn, süh so is't recht.

Bi Höflichkeit un richt'gen Gruß,
Der steit Di apen jedes Hus;
Dat hett noch Keinen Schaden bröcht.
Du willst „auf Hufschmiedsch" in de Welt,
Un ik, ik hew ok nicks dorgegen,
Obschonst „auf Seebahnsch" sihr gefällt
Un wat uns' Landslüd sünd, de plegen
„Auf Cumpansch" in de Welt tau tein.
Na, dat kümmt Allens äwerein.
De Hauptsak is, lihr wat, Jehann,
Un kumm taurügg as Ihrenmann.
Mak't Handwark Di ok buten swart,
Holl rein de Hand un rein dat Hart.
Is't Wark tau En'n un bet dat Fü'r,
Denn mak Di sauber, glatt un schir;
Dat is ok din'n kein rendlich Mann,
De nich sauber geit, wenn hei't hewwen kann.
Drei Johr, dat is 'ne lange Tid,
Wenn Ein sei vör sik liggen süht;
Drei Johr, dat is 'ne korte Spann,
Wenn Ein sei süht von achter an.
Sei sünd tau lang, üm s' tau verliren;
Sei sünd tau kort, üm uttaulihren.
Reis' nich ümher, as blinne Heß;
Un finnst Du wat, denn kik irst tau:
Wat up de Strat liggt, up den Meß.

Dat nimm nich up, dat lat in Rau.
Gedanken gläuht in helle Eff',
Doch sünd sei rein von Slack un Slir,
Denn fat Din Wark mit Tangen an —
Hell witt, hell witt, min Sähn Jehann! —
Un smäd Din Wark in frischen Für.
Un hest Du dörch de Welt Di slagen,
Un hett Di't buten nich gefoll'n,
Denn kannst bi mi mal Ümschau holl'n
Un kannst nah Arbeit wedder fragen.
Süh so, min Sähn! Un nu adjü!
Un denk an Muttern un an mi!
Un nu, min Sähn, herum den Haut!"
Un leggt de Hand em up den Kopp:
„Noch büst Du gaud, nu bliw ok gaud!"
Un langt den Hamer ut de Eck:
„So nu man tau! Nu, Jung', nu treck!" —
Jehann un Mutter gahn herut.
„Treck düller, Jung'!" seggt Meister Snut,
Un swelßt un smädt, de Funken flegen
Em in't Gesicht un in de Ogen,
Dat hei sei, wenn't de Jung' nich süht,
Sik ut de Ogen wischen müßt.
„Na," seggt hei, „ordtlich nahrschen is't;
Wo dumm un dämlich spriht dat hüt." —

6.

Jehann steit trurig vör de Stråd
Un stemmt den Stock so vör sik hen
Un drögt 'ne Thran sik denn und wenn
Un hört up Muttern ehre Red:
„Jehanning, hest Du ok Din Klock?
Verlir ok nich den nigen Rock,
Un gah ok in de Irst recht sacht,
Un nimm mit Drinken Di in Acht.
Herr Je! Wat hadd ik bald vergeten?
Na, ik kam glik, täuw hir en beten."
Un löppt in't Hus un kümmt taurügg:
„Des' Druppen sünd gaud för de Mag',
Sei hebben mi hulpen all meindag',
Stek in de Tasch, verlir ok nich!
Un grüß min Swester ok in Swaan,
Un Du süllst nu up Reisen gahn,
Un denn lat se von firn insleiten:

Herr Paster hadd „Herr Snut" Di heiten.
Un mak mi nich de grote Sorg'
Un gah nich rut ut Meckelborg
Un mak dat so as Schauster Brümmer,
Gah ümmer in den Ring herümmer,
Denn kam'n de Milen ok herut. —
Un hir, in desen Büdel, sünd
Acht Daler sößteihn Gröschen, Klas" —
Un giwwt den Büdel em un rohrt —
„Ik heww s' för Di tausamen spart,
Un nimm Du s' man, uns' Vader weit't —
Ik heww för em kein Heimlichkeiten.
Hei ded man so un wull't nich weiten:
Hei wüßt, dit wir min grötste Freud.
Un nu adjüs! Un schriw ok mal!"
Un bögt den Jungen tau sik dal
Un weint un küßt un strakt so vel:
„Lew woll, min Kind, min einzigst Seel!" —
„„Lew woll, leiw Mutting, bliw gesund!""
Un furt geit hei; de Olsch, de steit,
Krank bet in't Hart vör Trurigkeit,
Un drückt de Schört sik an de Mund,
As hadd s' noch lang' nich naug von't Scheiden
Un müßt sik sülwst de Mund verbeiden,
Un kickt em still in Thranen nah:
„Ja, gah mit Gott, min Jünging, gah!"

Doch as hei bögt nu üm den Goren,
Wo't achter'n Tun geit dörchherin,
Dunn fohrt ehr grell wat dörch den Sinn:
„Herr Je! Dat Kind kümmt in de Johren. —
Jehanning, holt en Ogenblick! —
Na, dat wir irst en slimmes Stück!"
Un röppt em nah: „Min Sähn, Jehann!
Dit is de letzt von all min Wünsch;
Ik bidd Di, wat ik bidden kann,
Nimm Di kein utländsch Frugensminsch!
Ik holl't nich ut, ik holl't nich ut,
Kümmst Du mal mit so'n frömde Brut.
Dat kennt kein Tüften un kein Speck
Un pohlt denn ümmer üm mi rüm.
Ne, minentwegen, Jünging, nimm
Di von de Strat ein, ut den Dreck,
Wenn sei man ihrlich wesen deit
Un unsre Ort un Sprak verstcit. —
Un hest Du denn ok Dine Klock?
Verlir ok nich den nigen Rock!
Mein Gott, hei deit all runner bummeln.
Künn 'k blot en ollen Sacksband finnen!
Na, töuw, dit geit," un fängt in Hast
An ehre Bein an rüm tau fummeln
Un sik de Strumpbän'n los tau binnen
Un binnt em Klock un Rock irst fast. —

Jehann geit nu in't Dörp herin.
Un as s' em nich mihr sehen künn,
Güng in den Goren Mutter Smitsch
Un plückt dor einen Blaumenstruz
Un plückt von dit un plückt von Allen
Un lett ehr Thranen rinne fallen
Un leggt em in de Bibel rin,
Wo ok ehr Hochtiedsdag in stünn
Un de Geburtsdag von dat lütte Mäken,
Dat Gott ehr eins von't Hart hadd reten,
Un schrew derun, so gaud sei't lihrt,
Tau sin Gedächtniß dese Würd:
„Heut Nachmittag, den ersten Mai,
Is mein Jehann auf Reisen gangen —
Mich is mein Herze ganz entzwei —
Gott laß ihn wieder retuhr gelangen
Und richte Alles zu dem Guten!
Gallin. Die Smädfrau Korlin Snuten.“

Jehann geit trurig sine Straten
In't Dörp herin. De Gören laten
Ehr Spill un raupen sik enanner:
„Dor kümmt hei her! Kumm, Körling Frahm!“
Un stell'n sik dichter bet tausam
Un grüßen still: „Adjüs ok, Hanner!“ —
Jehann grüßt ok: „„Adjüs ok, Kinner!““

Un geit, as wir em frisch tau Maud,
Förfötsch in't lütte Dörp herinne. —
„Kik mal, Korlin, den blanken Haut!" —
„„Un ik den schönen, blagen Rock!““
„Un kik den schönen gelen Stock!
Dat is en twirlern, de is echt,
Den hett em noch min Vader sneden."
Un oll lütt Jöching Smidt, de seggt:
„Ik wull, ik künn nu ok all smären,
Un wir en groten Smärgesellen." —
„„Nu weit ik wat, dat wäre 'ne Lust!
Ik will Jug all,““ seggt Schulten Gust,
„„Mit „Ine, mine, mu" afstellen,
Un wer dat wart, de 's Handwarksburs,
Un wi möt em den Bündel sechlen;
Wi will'n nu Hanne Nüte spelen.““

De Wiwer laten ehr Hantiren,
Dat Tüftenschell'n un Ketelschüren,
Un kiken äw're halwe Dör:
„Süh, dor kümmt Hanne Nüte her!"
„„Na, Hanning, geit dat nu all furt?““ —
„Herr Je, wat nu woll Mutter dutt!" —
„„Du leiwer Gott! Ein hett sei man.
Min Krischan müßt nu ok mit 'ran,
Hei müßt Soldat ward'n äwer Johr,

Weck segg'n Dreigunner, weck Huser.
Na, wat weit ik! Ik well man blot,
Wenn s' hartlich sünd un warden grot,
Denn sünd s' verlur'n för unsereinen,
Un wenn Ein oll ward, hett Ein Keinen."
Un Mutter Snutsch fängt an tau rehren.
Un geben tru em All de Hand:
„Adjüs! Un mag Di Gott bewohren!
Un kumm taurügg ut't frömde Land!"
Un as hei geit, röppt Durtig Bung'n,
De wähligst Dirn rings in de Run'n:
„„Dau! Hanne Nüte! — Jehann Snut!
Un säuk Di ok wat Ordentlichs ut,
Wat glatt un schir un red utsüht,
Süs wahn'n hir achter ok noch Lüd!"" —
Jehann will ok nu spaßig snacken,
Doch ward dat nicks, de Spaß, de blimmt
Em dwaslings in de Kehl behacken.
Hei nickt man blot un geit de Drift
Ahn ümtaukiken still entlanken.
Wat kemen em för swer Gedanken,
Wat kamm em Allens in den Sinn!
Wat hei sid sine Kinnertiden
Glikgültig seihn hadd, föll em in,
Un Allens kreg vör em Bedüden.
Hei geit bet an dat Holt heran,

As hei in'n Abendsünnenstrahl
Sin leiwes Dörp taum letzten Mal,
Sin Vaderhus noch seihen kann.
De Schostein qualmt, de Smädeß' ok,
De Abendsünn schint up den Rok.
Sin Vader smök't in vullen Für,
Sin Mutting kakt dat Abendbrod;
Wat süs so swart un düster wir,
Dat lücht't em nu so rosenrod.
Dat was, as wenn von Barg un Dal
Taum irsten un taum letzten Mal
Em jede Busch un jede Städ
So leiwlich grüßen un winken ded.
„Adjüs! adjüs!" rep Dörp un Feld,
„Du drögst nu ahner Verlangen,
Du gehst nu in de wide Welt,
Jehann, ward di nich bang'n?" —
Hei smitt sik an 'ne olle Wid',
Oh woll, würd em so bang'n:
De frömde Welt is gor tau wid:
Sin Borst würd em so drang'n. —
Hei süht sik üm, em süht hir kein.
Ach Gott! Wat is hei doch allein!
Sin Vader süs, sin Mauder süs,
De ümmer bi em wesen is —
De Thran em in de Ogen trett —

Ach, dat hei nich sin Mutting hett!
Sei hett em plegt un hegt un wohrt,
De Thran em drögt, wenn hei mal rohrt,
Wenn Vader bös was, för em beden,
Sei hett so oft em Botting sneden.

Hei langt in sine Tasch herin
Un halt ein rut un bitt eins af —
Dit was dat letzt, wat sei em gaw —
Un rohrt ganz lud un bitt mal wedder —
De Thranen fleiten hell heraf —
Un rohrt un ett, un ett un rohrt —
De Thranen fleiten sachter nedder —

Bet hei bi Lütten sik verdort,
Un ett un rohrt, un rohrt un ett,
Bet hei sin Nöthen all vergett.
Un as sin Botting was tau En'n,
Dunn ward so sachten em tau Sinn,
Un äwr'e Mag' folgt hei de Hän'n
Un slöppt ganz sacht un selig in.

7.

Un in de Wid, t'ens sinen Kopp,
En Beten sidwarts in den Kropp,
Sitt in en Knast dat Sparlingswiw,
Söß bunte Eier unner't Liw.
Sei brödt so heit un sitt so wiß,
As wenn s' up't Nest annagelt is,
Un blot ehr Kopp geiht hen un her
Un niglich kickt sei ut de Dör
Un kickt un krüs't ehr Huw tau Höch',
Wer Deuwel vör ehr Husdör leg'. —
Mus'buck, de leit sin Klewerwörtel
Un slickt dörch Gras un jungen Nettel
Un schüllt denn mal en En'n lang furt
Un ruckst denn an un horkt un lurt,
Un putzt de Näs' sik mit de Pot
Un snüstert heimlich vör sik hen:
„Dat rök hir doch nah Botterbrod,
Wo Dunner! kwer is dat denn?"
Un Sparlingsch röppt: „„Mus'körling, hir!

Hir unnen in dat blag Poppir!""
De Musbuck treckt sik neger ran
Un kickt sik Hanne Nüten an,
Ob hei ok woll tau trugen wir,
Un sett't sik hen, den Puckel krumm,
Den Stert rank üm de Bein herüm,
Un röppt ehr tau mit lise Stimm:
„Kik mal de Kräumels! Nahwersch, kumm!
Un kik, wo fett! — Kumm runner, Lotte!
För Di de Kräumels, mi de Botte!"
Un lickt nu los un richt't sik up
Un sitt so steibel as 'ne Pupp
Un snüffelt dörch den Abendwind
Un pipt ganz lis', nah Fru un Kind.
Un de oll Musmadam, de slüppt
Ganz lising ut dat Hus herdör,
Un allentwegen rute hüppt
Dat lütte Musvolk achter ehr;
Un Swigersähns un Swigerdöchter,
De warden all tau Gast inladen,
Un Musbuck röppt: „Kamt, Kinner," seggt 'e,
„Wi lütt Lüd dörben nicks versmaden." —
„„Ja,"" röppt dat Sparlingswiw ut't Nest,
„„'T is schändlich! — So'ne schöne Köst!
Un ik möt min Huswesen häuden
Un möt hir sitten un möt bräuden."" —

„Wo's denn Din Ull?“ — „„Wo süll hei wesen? —
In't Wirthshus ward hei rümmer däsen
Un mit Jehann Stiglitschen, Krischan Finken
Dor sitten, singen, spelen, drinken,
Un stats tau rechter Tid nah Hus tau gahn,
Sik up de Letzt den Kopp noch bläudig slahn.
Doch minentwegen! — Recht, wenn em dat schüht!
Doch dat hei nah de Eelgaus süht,
Nah de oll Eelgaus, nah den Tater,
Ehr Ständschen bringt as so'n verleiwte Kater,
Mit ehr tausam deit rümflankiren
Up Hochtid un up Kindelbiren,
Un mit ehr steit up Rangdewu,
Un mi, sin angetrugte Fru,
Hir bräuden lett,
Dat's slicht, dat's slicht, Gevadder Mus! —
Na, täuw! Kumm du mi man vör't Brett,
Kumm du hüt Abend man tau Hus!“ —

Un in de Mus'gesellschaft — quatsch! —
Föllt Pogg herin, de gräune Jäger,
Un nah dat Sparlingswiw 'rup seg 'e:
„„Wat makst Du dor för dwatschen Klatsch?““
Un knart de Red dörch't Mul henvör:
„„Wat för en Tör!
Wat will so'n Sparlings-Hänschen singen?

Wat will so'n Quarting Ständchen bringen?
Irst lihren, Vaddersch! lihren, lihren!
Un nahsten, nahsten dorvon klähren!""
„Ja, Vadder," seggt de Mus'maram,
„Du kannst un ok Din ganze Stamm.
Dat gällt mi orndlich dörch de Knaken,
Wenn Ji Musik des Abend's maken." —
„„Ja, seggt de Mus'buck, dat is wohr!""
„Nu kik de ollen Häulendrägers!"
Röppt Sparlingsfru. „Verleden Johr,
Dunn schullen s' up de gräunen Jägers,
Dunn wull'n s' hir weglein in de Firn,
Blot üm dat Quaken nich tau hür'n. —
T is wohr, min Jochen singt nich mihr
Wat nüt't; hei is kein Sänger, as dat möt;
Zusänger blot is de Hallunk —
Na täuw! Kumm du mi man vör't Brett! —
Doch as hei noch min Brüjam wir,
Un as de Racker noch was jung,
Dunn süng hei ok von „Lieb" un „Küssen"
Un von „auf ewig scheiden müssen"
Un von das „süße Liebesleben";
Nu äwerst is de Quint em reten,
Sin Stimm is gaud, Rindfleisch tau eten,
Un is in't Birglas hacken blewen. —
Doch so'n oll Klotz, de will sik mit em meten?"

Un grawwelt unner sik en Beten
Un halt en Ei herut: „Dit's doch man ful!“
Un smitt't de olle Pegg' an't Mul:
„Süh, dat's för't Dickdauhn, Du Hans Quast!“
Un dukert deiper sik in't Nest.
Un de oll Peggenkanter blöst

Sik up, dat hei binah wir bast't,
Un treckt sin Flapp noch breider dal:
„„Wat mi! Wat mi! Nu kik doch mal!
So'n Pack, so'n Pack, so'n schawwig Pack!

Grad Di, grad Di taum Schawernack
Sing' w' hüt dat Räter-Räter-Sonnett,
Wat Corl Kräplin, Kräplin hett sett't.'"
Un quatsch! un quatsch! hüppt langs den jungen Roggen
De oll Herr Kanter von de Poggen
Un spaddelt dörch den weiken Sump
Un — plump!
Un ampelt nah en Blümmelblatt,
Un sitt un seggt: „Natt bliwwt doch natt."

Un bi de Wid, wo Hanne liggt,
Geit't flirk — grit't flirk
Dörch Busch un Knirk:
T is Jochen, de heranne stäggt.
En Beten bläusttrig in't Gesicht,
Dat brune Käppel ganz verwogen,
De Vatermürrer ut de Richt,
So kümmt hei ran in'n lütten Bogen.
Dunn höllt hei an un lickt sik üm —
Sin Husdör is doch hir wo rüm —
Un halt den Kamm sik ut de Tasch
Un kämmt dat wille Hor sik glatt,
Kloppt von dat Vörhemd de Cigarrenasch,
Den Kalk sik von den Snipelkragen
Un treckt den Rock, bet hei em nobel satt,
Un wart sik so an't Hus ran wagen.

Doch hellschen sachten ranne tüht 'e,
So langsam as de düre Tid,
Un seggt, as hei dor Hannern süht:
„Wo Dunner! Dat's jo Hanne Nüte! —
Gun Abend," seggt hei, „Vadder Mus!
Wat liggt de hir vör minen Hus'?" —

„„Dat weit ik nich,"" seggt Musbuck, „„äwerst Du,
Du mak, dat Du herinne kümmst,
Denn hür mal: Dine leiwe Fru . . ."" —
„Schweig' Mose!" seggt min' Jochen, „schweig'!

Wir sind die Könige der Welt,
Wir singen Lust von jedem Zweig',
Un, Brauder, dann, wat uns gefällt.
Sülwst, Brauder Musbuck, is de Mann;
Herr is de Mann in allen Dingen!"
Un fängt nu lustig an tau singen:

Des Morgens halber vier
Tret' ich aus meiner Thür:
„Adieu, mein Schatz, will schweifen,
Durch Felder, Wälder streifen,
Ein freier Cavalier.
Bin Abends wieder hier."

Und wenn ich kehr zurück
Und leis' die Klinke drück,
Dann hat sie's gleich vernommen:
„Mein Schatz, mein Schatz, willkommen!"
Der Riegel fliegt zurück.
O Musbuck, welch ein Glück!

„Segg, Badder, is dat Lied nich schön?
Frei is-der Mann!" un flickt sik up de Tehn
Ganz sachten in dat Hus herin.
Un Mus'madam, de slüppt nu swinn
An Jochen sine Butendör:

„„Kumm, Vader, kumm! Kumm bet nah vör!
Hir kän' w' den ganzen Krempel hüren.""
Doch Mus'buck seggt: „Ik stah un hork! —
Wer sik mang Schlüd' will menglîren,
De stellt sik tüschen Bom un Bork;
Dor kann 'n de schönsten Prügel kriegen;
Ik heww nich Lust vör Amt tau tügen.
Taum besten is't, wenn Ein nicks süht.
Nu All' tau Bedd, 't is Slapenstid!"
„„Je, Vader,"" seggt de Olsch, „„ik dacht . . ."" —
„Holl doch Din Mul!" seggt Mus'buck sacht,
„Wat säl'n de Gören dorvon weiten?
Wi hür'n taum Schin blot up de Poggen,
Un nahsten gahn wi in den Möllerroggen
Un in den Preister sinen Weiten."

8.

En Sparlingsjochen slickt ganz lisen,
Ganz heimlich äwr'e Dälenslisen
Un wippt in sine Kamerdör;
Sin Olsch, de rätert in ehr Bedd.
„Du wachst woll noch," frögt hei, „ma chère"? —
De Olsch is still un sitt un brödd.
„Das Wetter is heut angenehm,"
Seggt hei un makt sik dat bequem,
„Auch kann ich Neues Dir berichten,
Die Nachtigal is wieder hier
Mit neue Lieder un Gedichten,
Sie wohnt hier dicht bei uns' Quartir,
Un was die Krei is, soll in Wochen:
Ich hätt den Olen selbsten sprechen,
Er stoppt ihr just das Wochenbett." —
De Olsch seggt nicks un brödd un brödd. —
„Ob sei woll ehren Dullen hett?"
Denkt hei. „Dat will'n wi gliksten seihn."
Un ward de Stäweln runne teihn.
„Na, Vetting, is auch was passirt?
Ich mein, ob Keiner hier is west?" —

Doch still sitt Lotting in ehr Nest,
Un sitt un sitt un brödd un brödd. —
„Ich frag', ob Keiner fragt hir hett?
Is Keiner hir west? Antwurt blos!" —
Na, nu breckt äwer Lotting los:
„„Du Kümmerdriwer Du! Du lettst mi sitten!
Du kümmerst Di nich för en Witten
Üm mi, üm Din verlat'ne Fru;
Du geist Din Weg', Du Slüngel Du! —
Jawoll frog Einer hir nah Di:
De Dokter Grischow schickt sin Stubenmäten,
Ein dumme Drautzel hadd de Hälfte Melodi
Von ehr oll dämlich Lied vergeten,
Sei kem blot bet: „So leben wi, so leben wi,
So leb'n wi alle Dag'!"
Doch mit dat Anner, mit de „Zauflumpani,"
Dor hadd sei ümmer ehre Plag';
Dat wull ehr gor nich mihr gelingen,
Du süllst doch kamen, ehr dat bitaubringen,
Denn Kein, as Du, künn't so natürlich singen."" —
„O pfui," seggt Sparling, „pfui Dich, Lotte! —
Wo, dies soll'n jo woll Spitzen sin?
Wo? Machst Du mir zu Deinem Spotte,
Der ich Dein Ehegatte bin?
Hast Du die Zärtlichkeit vergeten?
Vergaß'st Du meine treue Minne,

As Du as Wittwe hir hest seten,
Dat ganze Nest vull lütte Kinne? —
Hast Du vergessen, wat Du mir geschworen
Vör achter'n Tun bi'n Möllergoren?"
Un ward in Nachtjack un in Unnerhosen
In't Timmer hellschen rümstolziren,
Un äwer Slichtigkeiten reklamiren,
Un in 'ne Wuth sik rinne bosen.
Un ritt de Nachtmütz von den Kopp
Un frögt taum tweiten Mal ehr, ob
Sei nich mihr dacht' an'n Möllergoren. —
Un Lotting fängt still an tau rohren,
Un weint so sachten vör sik hen,
Un süfzt denn mal eins denn un wenn.
Un sitt in Thranen up ehr Eier,
Un Jochen set't de Nachtmütz wedder up
Un seggt verdreitlich: „Ja, de olle Leier!

Irst fängst Du an un röhrst de Supp
Di t'recht, un nahsten nicks as Leiden! —
Na, rück' bis zu, ich helf Dir 'n Bitschen bräuden,"
Un klemmt sik up de Eier rup.
„Ich bin kein Unmensch nich und liebe
Mein eigen Fleisch und Blut und Brut
Mit jedem väterlichen Triebe;
Ich bün nich, wie der Kukuk thut,
Der seine Kinder, eh' er sie gesehn,
Als Waisen in die Welt läßt gehn.
Ich bün ein Vater von Gefühl,
Bün's in des Worts verwegenster Bedeutung.
Nun aber wein' mich nicht zu viel,
Un ström' nicht wie 'ne Wasserleitung!" —
Doch Lotting weint sacht vör sik hen. —
„Na, sprich doch mal! Was is Dich denn?
Sprich, Lotte; antwort' doch, Charlotte!
Es wird zuletzt bei Dir noch zur Marotte,
Daß thränentröpfelnd Du hier sitz'st qui pleure,
Wenn ich qui rit nach Hause kehre.
Na, Lotting, sprich Dir deutlich aus!" —
Un Lotting snuckt: „„De gele — gele Gans."" —
„Hinc," röppt de Spatz: „hinc illae lacrimae!
Dat heit up Dütsch: Dor hebb'n wi nu den Dreck! —
Üm de oll Gelgans dit Gerede?
De Gelgans? — Frilich is dat wohr,

In meiner jungen Creatur
Steckt viel, sehr viel erbsündliche Natur;
Doch diese Gelgaus, Lotte — nie!
Denn gelb war mir von je zuwider.
Man nennt dies Idiosynkrasie.
Doch, Lotting, dit versteist Du nich!
Un't schad't ok nich. — Genug, ich bin —
Hol mich die Katz! —
Dein treuer Spatz.
Nu äwerst sal dat Weinen sin!" —
Un ward sei fründlich äwerstraken.
Un Lotting seggt: „„Hir 's 't gor tau heit,
Willst nich dat Finster apen maken?"" —
Un as hei an dat Finster geit,
Un schüwwt taurügg de Finsterlucht,
Steit Frühjohrs Abend, warm un fucht,
Den weiken Arm üm sinen Nacken,
Un bißt em up de brunen Backen,
Un flustert lising em in't Uhr:
„Schick wider! wider! du Hanswust!
Den Kuß, den schickt di de Natur,
Schickt Gras un Blaum in Frühjohrslust."
Un Jochen bögt sik fründlich dal
Un küßt sin Fru, un küßt s' noch mal:
„Schick wider, Lotting, wider! wider!"
De hett just keinen Annern nich,

Un giwwt den Kuß an Jochen t'rügg,
Un Jochen küßt sei noch einmal:
„Dies, Lotting, nennt man Sympathie."
Un Lotting lacht un bukert dal;
Swabb! — fohrt de Kuß an ehr vörbi,
Un Abendwind, de grippt en sik,
Bringt en an Blaum un Gras taurügg:
So geit hei ümmer in de Run'n,
So geit in Frühjohrs Abendstun'n
Hei ümmer noch von Mun'n tau Mun'n. —

9.

In't irste Virtel steit de Man,
Hell speigelt sik in Abenddak
Up Feld un Wisch as wittes Lak
Un in den Dik as goldne Kahn.
Un üm den Kahn, der rätert dat
Un üm den Kahn, der plätert dat;
De olle Poggenkanter satt
Noch ümmer up sin Mümmelblatt,
Un fängt nu an:
Natt, natt!
Wat is dat Water.
Wat drögere Stäven!
Hir sünd wi taufreden, freden, freden.
Kein Katt un kein Kater
Hett uns tau befehlen, tau quälen;
Fri kån' wi grälen, grälen, grälen.
Un all dat anner Poggentakel,
Dat föllt nu in mit grot Spectakel:

Kein hett en Quark uns tau befehlen!
De Adebor, de Adebor,
De Adebor, de is nich dor,
Wi känen grälen, grälen, grälen.
Un weik un dump
Klingt ut den Sump
So angst un bang
De Unkensang:
Duk unner, duk unner! En Königskind
Is hir mal vör Johren verdrunken;
An'n Grun'n, an'n Grun'n, dor sitt s' un spinnt,
Sei 's Königin von uns Unken.
Sei sitt in Lum'm, sei sitt in Plün'n
In'n Sump up deipen Grun'n;
Wer unsre Königin will win'n,
Küß erlest ehr up den Mun'n.
Un dörch dat Grälen un de Klag',
Dörch Poggensang un Unkensag',
Dörch Abenddak un Frühjohrsnacht
Geit up en Lied in vulle Pracht.
Dat funkelt irst so heimlich still,
As Stirnenschin bi Winters Küll;
Dat gütt denn wit sik äwer'n Plan,
As Sommerstid de vulle Man,
Un gläut denn hell mit Stral up Stral
As lichte Sünn von'n Heben dal.

Dat küßt so säut, un deit so wei,
Dat heilt dat Hart un ritt't intwei.
Dat is de säute Nachtigal,
Sei singt von de twei Beiden,
Sei singt de olle Melodei,
Sei singt von Schriben un Meiden:

Adjüs, adjüs! — Ik denk an Di —
Un sall ik Di verlir'n,
Adjüs, adjüs! Denn denk an mi,
An mi, Din lütte Dirn!
Un führen Din Bräuwer taurügg, taurügg,
Un säten mi grüßen von Di,
Wer weit, wer weit, wo ik denn ligg,
Un Du liggst nich bi mi.

„Nu hür," seggt Jochen, „hür doch mal!
Dat is de Krät, de Nachtigal.
Dat Dingschen süht nah ger nicks ut
Un wo bringt sei dat nüdlich rut!
Un ümmer hett s' en Stück parat. —
Hüt Abend ward ik an de Strat
Up't Haselwark bi Jochen Smidten
So'n Beten in Gedanken sitten,
Un denk mi vel un denk an nicks,
Dunn kümmt sei ran un makt en Knicks:

„Gun'n Abend, Jochen," seggt sei, „na? —
Ik bün taurügg ut Afrika." —
„„Ja,"" segg ik, „„süllst Di brav wat schämen,
So in de Welt herüm tau striken,
Blivv hir bi uns, bi Dines Gliken!
An Lotten kannst en Bispill nemen,
De brödd nu all den tweiten Satz.""
Dunn lacht s' un seggt: „Mein lieber Spatz,
Dein Lotting ist ein braves Weib,
Un Essen kochen, Strümpfe knütten
Un Junge aus die Eier sitten
Ist sicher auch ein Zeitvertreib;
Doch wir, die in der Poesie
Die Aufgab' unsers Lebens finnen,
Wir Künstler und wir Sängerinnen,
Wir knütten, Jochen, un brüten nie.
Doch wenn das letzte Lied verklungen,
Und wenn die Kehlen ausgesungen,
Und sich 'ne gute Aussicht zeigt,
Denn sind wir auch nicht abgeneigt … —
Na, Jochen, Du wirst mich verstehn,
Du bist ja selbst 'ne Art Genie,
Und darum — willst Du mit mir gehn —
Will ich ein Stückchen Poesie
Dir in der nächsten Nähe zeigen. —
Komm! — hinter diesen Erlenzweigen."

Du leiwer Gott, dor stunn lütt Smidten-Fiken —
De lütte Pudel, segg'n sei jo —
De hellen Thranen in dat Og',

Ehr Backen gläuten lichterloh,
So sach sei Hanne Nüte'n nah,
De in de Frömde tau wannern tog.
Un folgt de Hand so äwer't Hart,
As wir't 'ne Duw, de flügge warr.

Un wull nu fleigen
Ut ehren Slag,
Un säuken tau eigen
En anner Flag.
Ach Gott, wo würd dat Kind mi jammern!
Se würd s' sik an den Kirschbom klammern
Un stamert lising vör sik hen:
„Herr Gott, Herr Gott! Was is mi denn?" —
Dunn rep oll Smidtsch: „„Dau! Fiken, swinn!
Uns' Korl föllt glik in'n Sod herin!"" —
Dunn fohrt s' tau Höcht, as kreg s' en Stot,
Un flog heranne an den Sod
Un ret dat Gör von't Water t'rügg,
Un satt un weinte bitterlich,
Un kunn sik gor nich wedder faten,
Un wull dat Kind nich von sik laten,
Bet Mutter ehr denn irnstlich schüll,
Dunn würd sei still. —
„„Dat sünd de Nerven,"" antwurt Lott.
„„Dat arme Kind! Du leiwer Gott!
Un hett mi mal in frühern Johren
Ut Noth erlöst, as 'k von den Jungen,
Von ehren Brauder Fritz, was fungen.
Dunn heww ik ehr dat fast tau sworen,
Wo ik dat künn, wull ik ehr nütten;
Un nu möt s' so in Thranen sitten!

Un wull ehr helpen, wo ik künn;
Un wo sei güng, un wo sei stünn,
Süll, wat uns' Fründschaft is, un Du
Bewachten sei un wohren tru.
Wer is de Nüte denn för Ein?"" —
„Wo, kennst Du Hanne Nüten nich?
Na, dat wir doch absonnerlich!
Hir buten kannst en liggen seihn." —
„„De is dat! De!"" röppt Sparlings-Vetting,
„„„De mit dat grote Grewbrod-Botting.
Wat möt dat för en Schapskopp sin!
Geit in de wide Welt herin,
Un lett den säutsten Gottes-Engel,
Den lewsten Schatz tau Hus taurügg!""
„Ja, von de Kläuksten is hei nich,
Hei is so'n oll'n dickköpp'gen Bengel,
Un sallst mal seihn, de Slüngel schafft
Sik up sin dämlich Wannerschaft
As Brut so'n olles Schätzchen an,
De 'n in de Arwten setten kann:
Hei is en Klas un bliwwt en Klas." —
Knapp hett hei dese Meinung seggt,
Dunn rögt sik unnen wat in't Gras,
Un Hanne rappelt sik tau Höcht
Un kickt in't Sparlings-Finster rin:
„„Wohrhaftig, ja! Ik bün en Klas.

Wat ik doch för en Schapskopp bün!
Hett mi dat drömt? — Het't wer mi seggt? —
Wo's't mäglich, dat Ein dat nich mark!
Wat was sei fründlich, leiwlich ümmer,
Wat was sei stilling üm mi rümmer!
Un kek mi nah dörch't Hakelwark!
Dortau heww 'k kein Gedanken hatt.
Ik wüßt von nicks, nu weit ik wat.
Lütt Fiken, lütt Dirning, des' Post von di,
De is mi deip in't Hart rin drungen! —
Hewwt ji't mi seggt? Hewwt ji't mi sungen?"
Un de Nachtigal sung:

Adjüs, adjüs!
Kihr bald, kihr bald taurügg!
En leiwes Hart, dat sleit för Di
So säut, so säut, so lat, so früh,
Dat lett Di nich, dat lett Di nich,
Dat tüht, dat tüht Di ümmer t'rügg;
Kihr bald, kihr bald un tröst sin Wei!
Kihr bald, kihr bald, ihr't Hart intwei!
Hanne Nüte, Hanne Nüte, kihr bald!

Un all de Poggen fangen an tau grälen:
Wat, wat, wat sall dat Quälen, Quälen, Quälen?
Wat trecken, wat wannern?
Makt't grad as de Annern

Un danzt up de Delen,
Up Tehnen, up Hacken;
Lat't Kauken tau backen;
Achter'n Aben dat Fatt,
Un denn man brav natt, natt, natt!
Dat darw up 'ne Hochtid nich fehlen, fehlen, fehlen.

Un in den ellen Drängesang
Singt sacht un lis' de Unk mit mang:
In Lum'm sitt s' un Plün'n,
En Schatz up Hartens Grun'n;
Wer desen Schatz will win'n,
De win'nt em, wenn hei wun'n
Den Kuß von ehren Mun'n.

Un Hanne langt nah sinen Stock
Un smitt den Ränzel un den Rock
Sik äw'te Schuller, horkt un geit
Un steit denn wedder, wat dat heit,
Dat hei de Nachtigal versteit,
Dat Unkensang un Poggengräken
Tau Uhr un Hart em dütlich spreckt,
In em 'ne säute Unrauh weckt,
Half helle Lust, half heimlich Quälen —
Wat is't mit em? Wat is mit em geschehn?
Hett hei in'n Drom en Engel sehn?
Hett de em Uhr un Hart upslaten,

Em Gold un Sülwer, Edelstein
In'n eig'nen Bussen funkeln laten,
Von dat hei sülben nich hett wüßt?
Hett de em at den Slap upküßt?
Sprêk de tau em so weik un warm
Un doch so irnst un fast tauglik:
„Behöllst den Schatz du, blimwst du arm,
Verschenkst du en, denn wardst du rik?“ —
Ja, will en verschenken
An sin lütt Dirn;
An ehr will hei denken
In wide Firn;
Ja, will en verschenken
In allen Glanz;
An ehr will hei denken
So heil un ganz. —
Un as hei geit nu üm de Bucht,
Wo't in den Holt geit barghendal,
Swenkt hei den Haut fri dörch de Luft
Un dreit sik üm taum letzten Mal:
„Ja, Nachtigal, ik kam torrügg:
Ik bring' all Gold un Edelstein
An't Hus taurügg so hell un rein;
Ik schüdd't ehr all in ehren Schot! —
En trues Hart un däglich Brod,
Dat is de Schatz von Unserein. —

Un sitt s' in Burr'm un sitt s' in Plüm'n,
Ja, olle Ul, ik will sei win'n,
Ik hal sei ut den deipen Grund,
Will küssen ehren roden Mund,
Sall Königin sin, min hartleiw Schatz!
Un dese Swur, de sall mi brennen,
Wenn ik en nich holl; denn, Musche Spatz,
Denn sallst du nich „Klas" mi, sallst „Schuft" mi nennen!" — —
Un hei treckt wider sine Strat. — —
„„Süh so!"" seggt Spatz, „„dor hew'n wi den Salat!
Hei hett de Reden, de wi führt,
Hir baben Wurt för Wurt anhürt."" —
„Ih wo!" seggt Lott, „is dat 'ne Sak!
Kein Minsch versteit uns' Vagelsprak." —
„„Mein Kind,"" seggt Spatz, „„es thut mir leid
Um Deine groß' Unwissenheit;
Denn dieses muß ich besser wissen. —
In alten Zeiten, lang vor dissen,
Da konnt' die Menschheit in den Sternen lesen
Und konnt' die Vogelsprach verstehn,
Doch thät sie diese Künst vergäßen
Und ließ sie schmählich untergehn.
Worum? Sie dünkt sich allzuklug,
Schrieb schrewen Schriwwt, las drucktes Buch
Und glaubt in ihrem Uebermuth,
Mehr Weisheit steck' in diesen Dingen,

Als wenn der Himmel schreiben thut
Und wenn wir klugen Vögel singen.
Zwar geht die Sage, daß in spätern Zeiten
Im fremden Land, im fernen Inden,
Zuweilen Weise noch zu finden,
Die Sternenschrift noch könnten deuten
Und Vogelsprache noch verstünden,
Und daß bei uns auch mancher wache Schläfer,
Der stundenlang mit off'nem Maule brütet,
Und hie und da ein alter Schäfer,
Der seine Herde an dem Waldsaum hütet,
Noch einen Rest von dieser Gabe
In Einfalt sich bewahret habe.
Doch hab' ich Keinen noch gefunden,
Denn das Verständniß ist gebunden
An Forderungen mannichfachster Art.
Zuerst muß der, der so begnadigt ward,
Ein reiner Junggeselle sein,
Geboren Mittags zwischen Zwölf und Ein,
Am Sonntag unter günstigem Gestirne.
Dann muß ihn eine keusche Dirne,
Ohn' daß er selber davon weiß,
Mit einer Liebe rein und heiß
Seit ihrer ersten Jugend Tagen
Still im verborg'nen Herzen tragen.
Dann muß er Abends an dem ersten Mai,

Den Tag nach Wolperts-Hexerei,
Ein grobes Butterbrod aufessen
Und drob all Leid und Gram vergessen.
Und schläft er dann an einem Baum,
Worin ein treues Pärchen wohnt,
Am Teich, am dunkeln Waldessaum,
Wo eine grause That gescheh'n,
Von Vogellied gewieget ein:
Steht in der ersten Quart der Mond
Und scheint aus lichten Himmelshöh'n
Ihm freundlich in's Gesicht hinein,
Dann wird er die Vogelsprach' versteh'n.
Doch diese fremde Kunst verschwindet
Grad in demselben Augenblick,
In dem er selbst der Liebe Glück
In eigner Brust zuerst empfindet.
Kein Hoffen, Wünschen, Sehnen, Trauern
Bringt das Verständniß ihm zurück.
In leisem Zittern, dunkeln Schauern
Verblüht der kurze Silberblick,
In dem das Leben sich erschlossen,
Sein ganzes Sein in Eins geflossen,
Der einz'ge helle Wahrheitsspiegel,
Wenn das Metall war echt und rein!
Und was bis dahin in ihm lebte,
Und was er wußte, was er strebte,

Das wirft er alles in den Tiegel,
In des Metalles Gluth hinein.
Die alte Form, sie ist zerbrochen,
Und was zum Herzen einst gesprochen,
Das schweiget stumm seit dieser Frist.
Es soll das Alte untergehn,
Ein neu Gebilde soll erstehn.
Wohl ihm, wenn er ein Bildner ist!"" —
„Ach Gott," seggt Lotting, „ach de Minschen!
Wat maken s' sik dat Leben sur!
Dat is en ewig Quälen, Wünschen,
Un nicks bi ehr is up de Dur.
Na, lat sei gahn, wenn sei't so willen!
Doch hür' mal, Jochen, dese Beiden,
De will'n wi heimlich ganz in Stillen
Mit uns're ganze Sippschaft häuden,
Vör Unglück un vör Untru möten.
Un fäll ehr mal en Led taustöten,
Denn will'n wi dat taum Besten wen'n.
Lütt Fik hett mi ut Fritzen sine Hän'n,
Ut Ängsten un ut Nöthen redd't;
Nu heww ik't in den Kopp mi set't,
Ik will ehr riklich dat vergellen." —
„„Ja,"" seggt de Oll, „„min leiwes Pöpping,
Settst Du Di mal wat in dat Köpping,
Denn kann Ein up den Kopp sik stellen . . .

Na, Lotting, na, denn helpt dat nich!‟‟
Un dreit sik üm: „„Gu'n Nacht ok, Kind!‟‟
Un snorkt un sagt ganz fürchterlich. —
Un Lotting wakt noch lang' un sinnt,
Wo Allens intaurichten wir,
Denn negstledags is Kindelbir.

10.

Un Hanne Nüte treckt sin Strat
Un kümmt in'n Manschin Abends lat
Rin in de grote Stadt Stemhagen
Un ward dor nah de Harbarg fragen.
Un as em Ein taurecht ward wisen,
Trekt, up de linke Schuller sin Fellisen,
Hei rinne in de Stuw', stellt sik taurecht,
Den Haut up sinen Kopp, un frögt:
„Mit Gunst, ist Schmiede-Herberg hier?
Mit Gunst, ist der Herr Vater nicht zu Hause?
Mit Gunst, ist die Frau Mutter nicht zu Hause?
Mit Gunst, ist der Herr Bruder nicht zu Hause?
Mit Gunst, ist Jungfer Schwester nicht zu Hause?“
Un as em Keiner Antwurt giwwt,
Seggt hei, wil dat hei stahen bliwwt:
„Mit Gunst, denn sprech' ich Tisch und Bänke an,
Daß sie mir selbst heut Abend neben
Dem Bündel hier die Herberg mögen geben,
Daß ich mit Gott und Ehren weiter kommen kann.“

Un geiht an Disch un Bänk heran
Un smitt den Bündel unner'e Bänk
Mit einen Wurf un so geschickt,
Dat kein Dragreimen, kein Gehänk
Toufällig sidwarts rute lickt,
Un stellt sik wedder an de Dör
Un bringt sin Fragen wedder vör:
„Mit Gunst, sind fremde Schmiede hier?"
Dunn rögt sik achter'n Disch en Gast
Un schüwwt tourügg sin Sluck un Bir —
So'n rechten ollen Firbuks was't —
Un kräpelt achter'n Disch hervör:
„„Mit Gunst, mein Schmidt, wo kommst Du her?""
Un frög't nu 'rümme krüz un quer,
Wo Hanne hadd in Arbeit stahn,
Mit Gunst, wenn hei von Hus wir gahn,
Mit Gunst, wat hei för'n Landsmann wir.
Un Hanne antwurt't ganz gedüllig:
„Mit Gunst, mein Schmidt, bün nicht von hir
Un bün en richt'ger Mecklenbürger."
Un blivwt em keine Antwurt schüllig.
Dunn frög't de Kirl in sinen halben Rausch:
„„Mit Gunst, mein Schmidt, büst Du ein Tausch?""
Dunn seggt Jehann: „Wat frög'st dernah? —
Mit Gunst, mein Schmidt, ich bün es! — Ja! —
Doch hew 'k min Handwark richtig lihrt,

Bi minen eig'nen Vader wir't.
Un wenn hir Ein von Jug süll denken,
De würd mi wat an Lihrtid schenken,
Un dat hei blöd mi wesen is,
Denn sitt hei sihr in Bisterniß.
Un wenn sik Ein doröwer noch mokirt,
Denn kann hei glik man rute treden,
Ik wis' hir up de Städ en Jeden,
Wat för en Slag de Oll mi lihrt." —
Den ollen Fi'rburs kel verdwas
Ut't Og' dat Bir- un Branwinglas,
Hei sprül't de Tobacksjauch tau Ird
Un güng em an mit spitze Würd'. —
Na, Hanne was em ok nich blöd;
Em was tau Maud, as wir hei sid hüt morren
An Krasch un Johren öller worden.
Un as de Fi'rburs wat von Muttern säd
Un up den Ollen spitzen ded,
Dunn ward em Hanne up de Näs' eins geben,
Dat all de Stirn an'n hogen Heben
Vör sine Ogen an tau danzen füngen,
Un all de Klocken in sin Uhren klüngen;
Doch höllt hei sik noch up de Fäut,
Un as hei sülwst nu wedder steit,
Springt Allens up un slütt en Kreis üm ehr:
„Mit Gunst, ihr Schmiede, regulär!" —

„„Ganz regulär!““ röppt Hanne wild dortwischen,
Un ward den Kirl noch einen wischen.
„„Ganz regulär! Ahn Hinnerlistigkeiten!““
Un lett den Kirl Koppheister scheiten.

„„Ganz regulär! — Hund, willst Du kuschen?
Hallunk, sall I Di noch wider nuschen?
Willst noch wat up min Öllern reden?““ —
Dunn röppt de Anner: „Freden, Freden!“
Un as Jehann tau Höcht em lett,
Un Jeder sinen Hout up hett,
Dunn kümmt de Anner nah em 'ran:

„Mit Gunst, mein Schmidt, liegt Dir daran,
Mit mir Dich wieder zu vertragen?“ —
„„Mit Gunst, mein Schmidt,““ seggt uns' Jehann,
„„Wenn Alles zugeht regulär.““ —
Dunn lickt de Anner üm sik her:
„Mit Gunst, Ihr, meine lieben Brüder,
Daß ich mag Jeden darnach fragen,
Hat Einer hier etwas dawider,
Wenn ich mich wieder will vertragen?“
Un Alltausamen stimmen s' in:
„„Nein, Keiner hat etwas dawider,
Verdrag muß sin!““ —
Un de Gesell seggt noch tau Hannern:
„Mit Gunst, mein Bruder, treffen wir einander
Heut' oder morgen auf 'ner andern Stellen,
Daß wir uns keine Vorwürf' machen!“
Un Hanner seggt tau den Gesellen:
„„Mit Gunsten, nein! Ein Hundsvott thut es!““ —
„Mit Gunst, hast Du noch etwas gegen mich?“ —
„„Mit Gunsten, nichts als Lieb' und Gutes.““ —
Un geben beid sik dunn de Hän'n.
Un as de Slägeri tau En'n,
Dunn sall't denn an den Branwin gahn,
Doch Hanne seggt: „„den drink ik nich,
Un üm de Zech hew w' 't ml nich slahn,““
Un schüwwt de Branwinsbuddel t'rügg.

„„Frau Mutter, mi en lütt Glas Bir!"" —
Un de Frau Mutter kickt em an,
As ob hei ehr bekannt all wir:
„Min Sähn, sünd Sei nich ut Gallin,
Sünd Sei nich Meister Snuten sin?" —
„„Dat is min Vader,"" seggt Jehann. —
„Denn sünd Sei ihrlich Lüd' ehr Kind;
Ehr Vader was en gauden Fründ
Von minen seiwen, sel'gen Mann.
Un ok, wat Ehr leiw Mutting is,
Mit de kamm ik vör Johren süs
In Fründschaft oft an vel tausamen."
Un heit em fründlich mit ehr kamen.
Un as sei in ehr Stüwken sünd,
Dunn stellt s' sik irnsthaft vör em hen:
„Wo kümmt dit denn? Wat heit dit denn?
Wat? Sei sünd ihrlich Lüd' ehr Kind,
Un stahn sik hir mit so'n Gesellen,
Den alle Minschen Spitzbauw schellen?
So'n Kirl, den blot sin Brauders Geld
Vör Arbeitshus un Tuchthus hölt?
Pfui, junge Burs, pfui! schämen S' sik!" —
„„Je,"" seggt Jehann, „„Frau Mutter, ik
Kann wiß un wohrlich dor nich vör.
Knapp was ik rinne in de Dör
Un hadd den Handwarks-Gruß utspraken,

Dunn würd de Kirl sik an mi maken
Un fung mit slichte Würd' un Witzen
Up mine Ollen an tau spitzen,
Un wenn hei ok blot Lögen säd,
Was't doch, as wenn hei s' kennen ded.
Dat wull 'k nich liden
Un ik slog tau,
Un kamm em 'n beten up de Siden.
Verflucht will 'k sin, wenn 'k 't liden dau."" —
„Wenn't so is, hür'n em ok de Släg',"
Seggt die Frau Mutter, „doch ik rad',
Gahn Sei den Kirl hübsch ut den Weg,
Gahn S' nich mit em de sülwig Trad'.
Hei un sin Brauder, de sünd slicht,
Sei sünd bekannt dörch Land un Sand,
Un sünd bekannt ok vör Gericht.
De Lüd', de munkeln allerhand
Von eine Undaht, de geschein,
De kein' as uns' leiw Herrgott sein.
Doch wat weit ik? Ik red hir vel.
Doch ein Deil weit ik ganz gewiß:
Glik nah dit heimlich, düster Wark
Würr' des' hir 'ne verlurne Sel;
Un wat sin öllste Brauder is,
De Bäcker rechtsch hir an den Mark,
De würr' en statschen, riken Mann." —

„„Dat is kin Grauderk?““ röppt Jehann.
„„Denn wull de Kirl sik an mi räken
Un red den Strie von'n Tun blot breken,
Wil ik bi 'ne Gelegenheit
Den Bäcker hadd mal in de Mak.““
Un hei vertellte nu de Sak.
„Na,“ seggt de Olsch, „denn weit 'k Bescheid.
Nu äwerst, Sähning, lat Di raden:
Gah dese Ort wid ut de Kihr,
Sei bring'n Di süs in groten Schaden,
In Larm un Strid un wat noch mihr. —
Un nu kumm mit, kumm mit, min Sähn!“
Un geit vöran rup nah den Bähn,
Un wis't em dor en sauber Bedd:
„Hir kannst Du Di herinne leggen,
Denn dat, min Sähn, sall Keiner seggen,
Dat Smitten-Sähn up Stroh hir legen hett.
Un nu, min Sähn, un nu gu'n Nacht!
Un nimm Di vör de Kirls in Acht!“
Hei geit, un Hanner leggt sik dal
Un äwerdenkt den Dag noch mal. —

Wat was de Dag ut Rand un Band!
Wat was de Dag vull Freud' un Led!
As Mutters Leiw un Vaders Hand
Ut ehren Schutz em trecken let,

Dunn packt em rechtsch un linksch de Welt
As Bülgen up de wille See,
Ball deip in Grund, ball hoch tau Höh;
Kein Moders Leiw is, de em höllt,
Kein Vaders Hand hei faten kann.
'Ne anner Leiw, de hett em küßt,
Von de hei süs noch nicks hett wüßt,
Un Haß, de föll em giftig an.
De Welt, de sung em in de Uhren:
„Wat hen — is hen! Verluren is — verluren!
Din Kinnertiden sünd vergahn!
Ik bün en grot verwünschtes Sloß;
Den ik den Rigel apendahn,
Den holl ik wiß, lat ik nich los;
Wer mal an mine Dör hett klinkt,
Un wer den Willkam mit mi drinkt,
Den holl ik wiß in minen Bann.
Du drünkst den säuten Drunk, Jehann,
Du büst nu bannt, du büst nu bun'n;
Nu ängst di man, nu quäl di man,
Bet du dat Zauberwurd hest fun'n,
Dat di den Rigel apen slütt." —
Em is, as wenn de Mort em ridd,
Un ümmer greller warden sin Gedanken,
Dat ward en Winken un ward en Wanken,
Dat ward en Susen un ward en Klingen,

De Poggen grälen un de Vägel singen.
Ne wille Angst, de föllt em an,
Ob hei den Bann woll lösen kann,
Ob hei dat Zauberwurd woll finn't. —
Slap in, Jehann, Weck hewwen't fun'n!
„Slap woll, Jehann, slap woll, min Kind!"
So flustert't ihm de sülw'ge Stun'n
As en Gebett ut Mutters Mun'n,
Un tau em drögg'l't de Abendwind
Jehann slep in.

11.

Bi Sparlings is hüt Kindelbir.
Uns' Jochen steit in vullen Stat,
In brunen Snipel glatt un schir
Vör sine Husdör all parat.
Hei swenzelirt dor up un dal
Un fläut't sik wat un kickt denn mal
Nah Lotting in dat Finster rin,
Ob s' noch nich ball füll farig sin:
„Na, Lotting, spaud Di doch ok ball,
Du sallst mal seihn, sei kamen all." —
„„Wat heft Du hüt denn för en Drimmel?""
Fohrt Lotting up: „„Stü'r Dinen Grimmel!
Ik möt mi irst dat Hor doch maken,
Un nahsten sall 'k noch Koffe kaken."" —
Spatz seggt hüt nicks un swenzelt wedder los,
Doch wohrt nich lang', dunn kickt hei wedder rin:
„Na, Lotting, ik bün niglich blos,
Ob hei woll sülwsten hir ward sin?" —
„„Wer?"" frögt sin Fru. — „Nu, hei," seggt Spatz.

„Du weißt jo, Lotting, wen ik mein.
Ik will doch äwer'n Barg mal sein." —
Doch wohrt nich lang', dunn kümmt hei t'rügg:
„Ne, Lotting, ne, noch kümmt hei nich;
Ruhrsparlingsch kümmt blot, uns' Kesin." —
„„Ja woll,"" röppt Lott, „„de darw nich fehlen,
De möt de Irst jo ümmer sin,
Wi mit ehr Jaustern dod tau quälen."" —
Ruhrsparlingsch kümmt. All in de Firn
Röppt s': „Wat is't för Wirthschaft, Wirthschaft, Vedder!
Gotts! Klabelbir'n un Kinkelbir'n!
In'n März tauirst un nu all wedder?
Na, dat mag 'k liden!
Un wer steit Vadder, Vedder? —
Täuw, ik kam rinne, Lotting, Lotting,
Ik smer Di Botting.
Wat hest, wat hest denn uptausniden?
Wat hest för Gäst
Up Dine Köst?
Wer döfft?
Herr Paster Raw' is't bi mi west,
Un Wedhopp Köster,
Un bi de Gelgaus was't Herr Paster Krei
Un Köster Hester.
An den is wedder nu de Reih." —
Doch Lotting hölt nich länger an:

„„Du weißt jo All'ns verdeuwelt wiß!
Wenn't för de Gelgaus gaud naug is,
Ik un min Jochen sünd alch Jedermann.
Bi uns, der kümmt hei sülwst, min Kind,
Un wenn w' ok rike Lüd' nich sünd,
Hei weit, wat hei bi uns förfin'nt,
Hei acht't de Bildung, leiwes Kind.“" —
„Wat?“ röppt de Pläterlasch dor mang,
„De Kunsterjalrath sülwst in eigene Person?“ —
„„Verrichtet selbst,"“ seggt Spatz, „„die Action,
Und Kanter Hahn, der leitet den Gesang.
Un Vadder steit de Aderbor
Un Kiwitt un de Nachtigal.
Ik wull mi irsten ok en por
Von'n hogen Adel inseniren,
Wat Häwk un Wih un Uhl so wiren,
Doch Lotting meint: en anner Mal.
Un sei hett recht; de Nachtigal
Is utgesöcht 'ne Demokrätin.
Un süh, Kesin, wo lang' würd't duren,
Denn hadd s' sik mit de Fru Geheime-Räthin
Von Schuhut wegen 'n Lanndag bi de Uhren.
Ne, wat tausamen hürt, dat hürt tausamen.
Ik bün süs sihr för adeliche Damen,
Doch unner Ümstän'n hett't sin Nücken,
Mit de Ort is slicht Kirschen plücken.“"

„Je, äwerst," seggt Kreihn, „Vörnehmigkeit …" —
„„Vörnehmigkeit?"" röppt Spatz. „„Na dit wir nett!
Mi dücht, de Adebor, de hett
Vörnehmigkeiten naug, so vel ik weit;
Un denn de Gaus — wat seggst von ehr?
Mi dücht, de hett sei doch von'n Besten."" —
„De hett so vel," röppt Lotting ut de Dör,
„So vel, dor kann Ein Swin mit mästen."
Un as sei noch dorüwer reden,
Kümmt Adebor herannetreden
Un grüßt sei sehr von baben dal.
Un Draußel kümmt un Nachtigal
Un Kukuk, Kiwitt, Fink un Stiglitzich
Un Lewark, Wepstart, Swäll un Irritzich
Un Rabhaun, Wachtel, Snartendart
Un Hester, Schacker, Specht un Sprein,
Kort, all de Vägel, witt un swart
Un roth un gel un blag un gräun.
Blot Gelgans fehlt, de is nich beden,
Denn dat hett Lott absluk nich leden. —
Un as sei all in'n Kreis rüm sitten,
Dunn wis't denn Lott herüm ehr Lütten;
Un All'ns bekickt de säuten Gören.
Ruhrsparlingsch ward de Sak erklären
Un giwwt 'ne lütte Äwersicht
Von Lotting ehre annern Kinner,

Wovel sünd dod, wovel noch lewen;
Un Jochen treit nu in den Kreis herinner
Un up sin glücklich Angesicht
Steit grot un breit „Papa“ upschrewen.
Un Stiglitz-Unkel un Lewark-Tanten
Un all de Gäst un de Bekannten,
De raupen all: „Wo ähnlich, Jochen!
Dat is Din Näs, dat sünd Din Ogen!“
Un Aderbor steit up een einen Bein —
Up de Ort kann hei beter sehn —
Un kickt de Näs' so langs: „Wahrhaftig, ja!
Ganz liksierwelt der Herr Papa!“ —
Spatz will sik all vernemen laten
Un will as Vater sinen vullen Glanz
In sine Würd' vull Bildung faten,
Dunn kümmt de Wepstart uter Athen
Un grüßt irst zirlich mit den Swanz:
„Hei kümmt! — Paßt up! — Hei is glik hir!
Hei höllt wohrhaftig sülwst de Kindelbir!“
Un Allens stellt sik nu in Positur,
Un äwer'n Barg kümmt stramm un stur,
Schön rod un bläustrig antausehn,
Den swarten Rock un den Talar
Wat upgepust't, utwarts de Bein,
Demäudig fram un glatt dat Hor,
De Kunsterjalrath sülwst in eigene Person,

Den süs de Lüd' för Kuhnhahn schellen.
Einsch geit bi em de Gaus un ward vertellen
Von ehr Verdeinst üm inn're Mission
Un lickt denn af un an so fram tau Höcht,
Wat woll Hochwürden dortau seggt;
De is dormit denn sihr taufreden.

Un as sei beid so gahn tausam,
Lei't ehr von vörn gefährlich fram.
Von achter mag't ehr so nich lieden,
Denn Kanter Hahn, de achter geit,
Süht, wo Fru Gaus mit't leiwe Achterdeil
Gefährlich affectiren deit,
Un wo de Kuhnhahn in sin fram Gefäul

Stolz Rad up Rad von achter sleit.
De Kanter Hahn, en Mann von Welterfohrung,
Seggt still tau sik: „Wat kümmert't mi?
De Spruch, de gelt: Mundus vult decipi.
Na, denn man tau! De Hauptsak bliwwt de Nohrung."
Un dreit sik üm nah sin Mariken,
De folgt em mit sin söstein Küken:
„Du! Kopp hendal so as de Gaus!
De Lütten sälen porwis gahn
Un säl'n de Ogen nedder slahn;
Doch kam wi nahsten tau den Smauß,
Denn paßt up minen Wink genau;
Raup ik Jug, denn langt düchtig tau!" —
Un as sei nu herannne kemen,
Dunn dinert' All'ns twei breid, twei lang,
Un Spaß un sin leiw Lotting nemen
De from Gesellschaft in Empfang.
De Kunsterjalrath makt nah allen Siden
En gottgefällig Kumpelment;
Blot Fink un Stiglitzsch kann hei nich recht liden,
Un deit, as wenn hei Nachtigal nich kennt;
Ok för de Draußel is tau slim sin Nack,
Denn mit ehr Kirchengahn is't ok man swack.
Na, Swerst Gaus! — Wat för'n Gemäuth!
Wo rant ehr Blick so zuckersäut,
As Sünnenstrahl ut Sommerwolk,

So halw verdeckt up dat verlurne Bell;
So'n Hümpel Sünner is ehr Leben!
Sei set't sik also preislich neben
De Nachtigal un Draußel dal
Un süfzt recht deip un süfzt noch mal.
Un Kanter Hahn? — Je, Kanter Hahn,
Hett just as Gaus un Kuhnhahn dahn;
Hei trett mit Fru un föstein Kinner
Sihr from in de Gesellschaft rinner
Un kickt up de verlurnen Sünner
Mit'n eine Og sihr streng un fast,
Mit't anner äwer plinkt de saubre Gast
Sin lütt Kesin, dat Nabhaun, tau:
„Kesining, sett Di hir bet ran,
Dat min lütt Ort ankamen kann."

Un as sei All nu dal sik nödigt
Un in en Kreis herümme seten,
Dunn höllt de Kuhnhahn denn sin Predigt;
Sin Text was ut de lütten Propheten,
Sihr stark verbrämt mit Chroniken.
Un as sei All gerührt dorvon,
Will Kuhnhahn denn de Namen weiten,
Woans de Gören sälen heiten.
Dat hadd nu Spatz sik lang' bedacht —
Sin Gören wiren fein getacht,

Hei wull nu ok, dat s' mit en feinen Namen
Süll'n ut de Döp herute kamen;
Hei antwurt't also frank un fri:
Wat sin drei Jungs hir beden sin,
Dor wünscht hei: Oskar, Arthur, Balduin,
Un för de Mätens: Olga, Melani.
„„Wat?““ fohrt de Kuhnhahn up un schull,
„„Herr, sünd Sei dull?
Wat? Bün ik unner Türken, Heiden?
Dor ward ik nich min Hand tau beiden!
De Nam', de nich in den Kalenner steit,
In den Kalenner nich von Adlers Arben,
De führt för ümmer in't Verdarben
Up Irden hir un in de Ewigkeit.““ —
Nu geit en Munkeln dörch de Reih'n;
„Ih, dat wir snurrig,“ seggt de Ein.
„„Ih, dat wir würklich sonderbor,
Dat wir doch nahrschen!““ seggt de Anner.
Dunn tredt hervör de Aderbor
Un stellt sik up den einen Bein,
Un kickt de Näs' so langs — up de Ort kann 'e
Toom Besten sin Gedanken reih'n:
De Aderbor is Philosoph —
„Herr,“ seggt hei, „die Philosophie ...“ —
„„Was?““ röppt de Kunsterjalroth grow,
„„Philosophie? Herr, schweigen Sie!““

Un de oll Gaus verkihrt ehr Ogen
So gruglich from, erbärmlich kindlich:
„Philosophie! Herr Je! Wo sündlich!“
Ruhrsparlingsch un oll Hestersch slogen
De Hän'n sik äwer'n Kopp tausamen:
„„Herr Je! Wat sünd dat ok för Namen!““
Un wat was't End'n von dat Geschäft?
Wull Spatz sin Kinner hewwen döfft,
Denn müßt hei man de Segel striken,
Süs wir dat mit de Döp vörbi,
Un stats sin vörnehm Melani
Kreg hei en lüttes Ann'mariken,
Un stats den feinen Balduin
Würd't nu en lütten Krischan sin.

De Döp was ut, nu kamm de Klats.
Hir makt de Kanter sinen Jaks,
Hei winkt un winkt un nickt un nickt
Sin Olsch herran, de kluckt un kluckt,
Un all de söstein leiwen Gören,
De dräng'n sik an den Disch nah vören
Un sihr bescheiden, dal den Kopp,
Versorgen s' ehr'n unschüll'gen Kropp.
Un Gaus, de freu't sik äw're fromen Kinner
Un nimmt sik all de drüdd Potschon
Von Lott ehr'n Koffe. Negst de leiwen Sünner

Hürt Koffe sihr tau ehre Mission;
Hei glidd so fram de Seel hendalen
Un schafft de bösen Dünsten furt.
Un wenn't sik an Fru Nachtigalen
Un günnt de Draußel ok dat Wurt.
De äwer sitten ganz geslagen
Un süfzen: wir de Klats tau End!"
Denn nicks liggt swöaner in den Magen
As so'n recht kirchlich Regiment.
Un wat nich laut mit vulle Backen,
Dat finnt de Köst langwillig man;
Ruhrsparlingsch blot un Hestersch snacken
Sik Likkürn an de Tung' noch an.
Na, endlich stellt sik Spatz tau Höcht,
Treckt sik de Vadermürder un den Frack taurecht,
Makt rechtsch un linksch sin Kumpelment,
Riwwt sik verlegen irst de Händ',
Fat't sik un höllt 'ne Red' un seggt:
„Anwesende, insbesonders Hochverehrteste,
Und Sie, Hochwürden, der der allerwertheste
In unsrer sünd'gen Mitte sind,
Ich hoff', Sie haben nichts dagegen" —
Hir hackt hei fast, hir kamm hei in de Tint,
Un rew de Hän'n sik sihr verlegen,
Dunn schüwwt em Lotting fix bi Sid:
„„Ih, drähn un drähn vör minentwegen,

Doch spor Di't up 'ne anner Tid!
De Sak is des': de lütte Pudel hett
Mi mal ut Angst un Nöthen redd't,
Nu wull ik Dankborkeit utöuwen.
Ik weit, sei dedd sik stark verleiwen
In Hanne Nüten, in den Smitten-Söhn,
Nu wull'k jug fragen, ob wol den
Un ok ehr sülwst nich wullen häuden
Vör Untru, Unglück un Gefohr,
Un dornah trachten, dat de Beiden
Tausamen lewen as en Por? —
Wer steit ehr bi in ehre Nod?"
Un all de Vägel lütt un grot,
De schrigen all in einen Athen:
„„Wi will'n de Beiden nich verlaten! —
Ja, Lotting, ja, wi helpen Di!"" —
„Dat ward en Por!" röppt Vadder Sprein. —
„„Ja,"" röppt de Wachtel, „„sallst mal sein
Wi stahn Di bi! Wi stahn Di bi!"" —
Un Kukuk, Kiwitt, Fink un Specht,
De raupen all: „So's't recht! so's't recht!" —
Un Nachtigal un Draußel singen
Vör helle Lust un warme Leiw:
„„Wi will'n de Grüß' un de Küß' ehr bringen,
Wi bringen un dragen de Leiweshreiw.""
Dat warr den Kunsterjalrath doch tau dull,

Hei nimmt sin leiwes Mul recht vull
Un kullert los in helle Wuth:
„Was? Die Gesellschaft ist ja roth, wie Blut,
Ist demokratisch; ja, noch mehr!
Ist anarchistisch, revolutionär.
Dies ist kein Bündniß nicht, dies ist Verschwörung!
Die Landsgesetze hindern klüglich
Die allzugroße menschliche Vermehrung,
Und das mit Recht; denn da vorzüglich,
Wo ungehindert Menschen-Massen
Sich können frei'n und niederlassen,
Da herrscht in unsrer bösen Zeit
Die Sünde und Gottlosigkeit.
Und dazu biet' ich nie die Hand.
Erst dann, wenn sich die Sittlichkeit
So'n vierzig, funfzig Jahr erprobt,
Das Paar so'n zwanzig Jahr verlobt,
Ist Segen in dem Ehestand
Und Heil für's liebe Vaterland.
Und ich sollt' hier an diesen Kindern,
An diesen unerfahrnen Sündern,
An ihren unerprobten Trieben
'Ne unbedachte Großmuth üben,
Blos weil sie lieben? nur sich lieben?
Nie nicht! Nie nicht! Nie nicht!
Und euch, euch warne ich, leichtsinnig Volk,

Laßt euch von diesem Bösewicht" —
Hier wis't hei streng up Jochen hen —
„Den ich als Frevler lange kenn',
Und der dies angezettelt hat,
Um Gotteswillen nicht verführen;
Ich werd' ihn heut noch denunciren."
Un dreit sik üm un slog en Rad
Un pust't sik up un fläuten güng hei. —
Un nu de Gaus! — Herr Je! wo sprung sei
Tou Höcht', as wenn s' up Nadeln satt:
„„Von „Lieben","" seggt s', „„is hir de Red'? von „Lieben"?
Denn kann ik länger ok nich bliwen.
Hochwürden, käumen S'! ik kam mit!""
Un Kanter Hahn? — Je, Kanter Hahn
Würr nolens volens ok mit gahn,
Un mit em gung sin leiw Mariken
Un achter her de söstein Küken.
Un Hesterich un Ruhrsparlingsch rüsten .
Taum Afmarsch angelegentlich:
Sei wiren Christen, so vel sei wüßten,
Sei hürten tau de Annern nich:
Dor künn en Strafgericht mal kamen,
Denn wiren s' em doch ut de Finger —
Un wickeln ehre Knüll tausamen,
Un dor gahn s' hen, de snurren Dinger! — —
„Lat sei gahn! Lat sei gahn!" röppt Snartendart,

„Irst nu wart uns wedder mal fri üm't Hart.“ —
„„Il Spillverlöper!““ schellt Jochen Fink.
Un Jochen, de röppt: „Nu Lotting, nu bring'
Herup ut den Keller den besten Win

Herun von den Bähn uns de prächtigste Wust;
Nu word dat 'ne Köst irst, nu wart dat 'ne Lust!
Nu sall't irst 'ne richtige Kindelbir sin!“ —
Rundgesang singt nu en Jeder;
All de ollen leiwen Leder,

De sei ut de Jugendtid
Her noch wüßten, singen s' hüt:
„Nachtigal, ich hör' dir laufen,
Aus das Bächlein thust du saufen." —
„Ich hab' einen Schatz über Berg und Thal,
Da singt die schöne Nachtigal." —
„Kukuk an'n Heben,
Wo lang' sall ik leben?"
„Kiwitt,
Wo bliw ik?
In'n Brummelbeerbusch,
Dor sing ik,
Dor spring ik,
Dor heww ik min Lust." —
Un All'ns is Lust un All'ns is Freud'!
De würdig Adebor, de steit
Vergnäuglich up den einen Bein —
Up de Ort kann hei beter hüren
Un beter ok philosophiren —
Un ward sik so recht häglich freu'n:
„Hier bin ich Mensch, hier darf ich's sein!" — —
De Sünn, de schint, Mailüfting weih't,
De Bom, de gräunt, de Blaum, de bläut,
Dat lütte Vagelvolk, dat singt,
Dat't hell herup taum Heben klingt.
Uns' Herrgott kickt von baben dal:

„Na, singt man tau, man noch en Mal!“
Un Allens wat dor lewt un wewt,
Wat mäuhsam krüppt, wat lustig swewt,
Dat fäuhlt dat an de sel'ge Rau,
Dat Gottes Sünnenangesicht
Herunne lacht, herunne lücht.
Mit einmal sleit hei't Finster tau,
Un wen'nt sik af von sine Ird;
In'n Ümseihn swart un düster wir't.
Bligrage Wulken trecken swer
An'n Heben up; de Stormwind quächt
Un stähnt up swarte Flüchten her
Un höllt mal Pust, höllt an un swiggt,
Bet hei in vullen Tog un Athen,
As de Posaun von't Weltgericht,
Brus't dörch den Wald un äw're Saten,
Un blinnlings sleit 'ne fale Lüchtung
Von'n Heben dal nah jede Richtung.
De Dunner rullt dörch Wald un Feld
Un eine Stimm röppt dörch de Welt:
„Ik bün en iwrig un en zornig Herr!“ —
De Vägel hürn't un süs noch wer. —
Dat lütte Vagelvolk, dat swiggt
Un hängt in Demaud sine Flücht,
Doch achter'n Durnbusch steit en Mann,
De Gotteswurt woll hüren kann,

Un de dat hürt mit Angst un Bangen,
Un doch mit Trotz. Helt sin Verlangen
Nah and'res Geld, nah frömdes Gaud
Mal döfft mit rodes Minschenblaud:
Nu kickt hei mit sin bleik Gesicht
So frech un doch so bang' in En'n
Un kann doch nich de Ogen wen'n
Dor von dat Flag, wo Abel liggt.
De Blitz fohrt dal mit falen Glast:
Ja, in de Eck, dor was't, dor was't.
„Hei is't, hei is't!" krischt hell de Spatz,
„Kikt, wo hei kickt dor nah den Platz,
Wo nu verfult sin blödig Wark;
Hei is dat sülwst, de Bäcker von den Mark!"
Un Kiwitt swingt sik in de Luft,
Un ward sin Kreisen üm em tein:
„„Ik weit't, ik weit't, ik heww dat sein!
Dor liggt hei, liggt hei in sin Gruft."" —
„Verfluchtes Dirt!" röppt wild de Mörder,
„Holl't Mul mi: Din verdammt Geschri!
Kein Minsch, kein lewig Wesen wir 't;
Un Satan blot, de stunn dorbi." —
„„Ik, ik, ik ok, ik heww dat sein!
Dor in de Eck, Eck, Eck is't west,
Dicht bi min Nest."" —
Dunn grippt de Bäcker nah en Stein

Un smitt: „Dat Di de Düwel hal!“
Un Dunnerslag un Lüchtung slan
Tausamen von den Heben dal:
De stolze Eik, de dusend Johr

In Pracht un Herrlichkeit hett stahn,
Liggt as en braken Ruhr nu der.
Unſ' Herrgott red't sin zornig Würd
Mit Dunnerstimm un schriwwt sin Teiken
Mit fürig Schriwwt up Fels un Eiken.

De Mürder tummelt dal tou Ird
Un liggt un stähnt, en gruglich Bild,
Un richt't sik up un kickt so wild
Un stört't denn furt,
Furt von den Urt,
Dörch Nacht un Storm, man furt, man furt! —
De Dunner rullt, de Blitz, de lücht't,
De Vagel ümmer üm em flüggt
Un röppt dörch Mark em un Gebein:
„Hei ok, hei ok, hei hett dat sein!"

12.

„Fike," seggt oll Smidtsch, „min leiwes Kind,
Süh, wat uns' beiden lütten sünd,
De kann nu Dürten ok all wohren,
Uns' Krischan helpt mi in den Goren,
Uns' Fritz, de hödd de Schap bi'n Buren,
Nu darwst Du länger ok nich luren,
Du mößt nu ok hen Deinen teln." —
„„Ja,"" süfzt lütt Fiken, „„'t is woll Tid;
Doch, Mutting, schick mi nich tau wid,
Nich alltauwid von Jug vonein."" —
„Ne, nah de Stadt. De Bäcker was
Jo gistern hir un wull Di meiden
Un redt utdrücklich mit uns Beiden,
Un Vader säd, em wir't tau Paß,
Un makt dat mit den Bäcker af.
Un hir 's dat Meidsgeld, wat hei gaww." —
„„Ach, Mutting, Mutting, nich nah den'n —
Ik dau jo All'ns, wat Du verlangst —
Wo stört't hei rin hir in de Angst,

Wo bäwert hei an Fäut un Hän'n,
Wo kek hei sik so gruglich üm,
Wo heisch un braken was sin Stimm!
Weitst, wat uns' oll Herr Paster seggt?
Wer so'ne Angst in'n Harten dröggt,
De is nich recht.
Ik künn't nich anseihn; ik müßt gahn.
Un in den Drom de ganze Nacht
Hett mi sin Angst vör Ogen stahn.""
Un bidd't so säut un strakt so sacht:
""Ach, Mutting, Mutting, nich nah den'n!""
„Na," seggt oll Schmidtsch, „büst nu tau En'n?
Wat is dat för en görig Wesen!
Wenn Einer ut de Pust sik lopen,
Denn sackt hei nahsten woll tauhopen;
Wenn dicht bi Di de Blitz inslög',
Wo Du Di denn dorbi woll haddst? —
Ih, wat! lat sin, gah weg! gah weg! —
De oll Geschicht blot fällt Di in,
As Du dor bi Din Gösseln satt'st
Un hei Di in de Hor hett reten.
Wat? Du willst nu verstännig sin,
Un kannst so'n Ümstand nich vergeten?" — —

Lütt Pudel weint, ehr Mutter schellt,
Un doch hett s' up de ganze Welt

Nicks Leiwers as ehr lüttes Fiken. —
Wat helpt dat All? De Armen möten
Ehr Kinner in de Welt rin stöten.
Ach, wull'n doch mal eins sein de Riken,
Wo männig Mutterhart heit blödd,
Wenn't so dat Leiwste von sik stött!
Sei würd'n so'n arm, lütt frömde Dirn
Up gauden Wegen wider führ'n,
Tau jeder Stun'n dat warren wiß,
Dat so'n frömd Kind Gotteskind ok is. —
De Sünndag kümmt, lütt Fiken steit
Vör ehren Oll'n, tau gahn bereit.
En lüttes Bündel olle Plün'n,
De Mutter künn tausamen fin'n,
Von hir un dor tausamen stückt,
Doch Allens sauber wascht un flickt,
Dat s' lichting in de Hand deit hollen;
Dat is de Ustüu'r von de Ollen.
Oll Smidt sitt buten vör de Dör
Un raut sik in de warme Sünn,
Un Mutter wirthschaft't hen un her.
„Süh," seggt oll Smidt, „min Kind, ik bün
Ok so mal von min Öllern gahn;
Von Lad' was dunn ok nich de Red'.
Min Ollen hadden 't Möglichst dahn
Un hadden mi nah Kräften kled't;

Un as de Afschiedsstun'n kamm neger,
Un ik süll rinne in de Frömd,
Gaww Mutter mi en reines Hemd
Un Vader desen Hosendräger." —
Hei knöpt en af un treckt en dörch de Hand —
„Kik, Kind, de Reim is noch bewandt
Un is noch ümmer düchtig dor;
Ik bruk en an all männig Johr,
Wenn mi wat fehlt, tau allerhand.
Wenn mi mal ritt min Karrensälen,
Ward mi en Strick taum Binnen fehlen,
Drag ik 'ne unbequeme Last,
Is in den Hus' mal wat nich fast,
Kriggt Fritz mal sine trotz'gen Nücken,
Un wenn de Lütten sik nich schicken,
Denn bind ik mi den Dräger af,
Mak de Verlegenheit en End
Un holl en richtig Regiment
Un segen den'n, de em mi gaw.
Di kann I den Reim nu doch nich schenken,
Doch gah ik einmal ut de Welt,
Un wenn de Dräger denn noch hölt,
Denn kriggt en Fritz taum Angedenken,
Wil hei de Negste dortau is.
Di hew ik nu nicks mit tau geben,
As desen letzten, gauden Rad;

Un den, min Döchting, den holl wiß!
Un dau nah em Din ganzes Leben,
Drag' em in'n Harten früh un lat;
Tag as en Reimen möt hei hollen,
As dese Gaw von minen Ollen;
Möt Di tau allen Dingen dögen,
Ut alle Swerlichkeit Di trecken,
Un büst Du mal up slichten Wegen,
Denn sall hei Di't Gewissen wecken.
Süh, ritt Di mal Din Narrensölen,
Hest mal wat dahn, wat nich sall sin,
Leig nich! Gestah dat ihrlich in!
Wer leigen deit, de ward ok stehlen.
Murr nich un mak kein sur Gesichter!
Schint ok Din Last Di mal tau hart,
Fat drist man tau, bet't beter ward;
Dörch Murren ward kein Arbeit lichter.
Snack nich, is in den Hus' wat los,
Un fühst Du't ok un denkst Din Deil!
Dörch Snacken ward kein Schaden heil,
Hei ward man gröter, slimmer blos.
Un nu segg ik Di noch dat Ein —
Du weitst, min Döchting, wat ik mein' —"
Un irnsthaft in ehr Ogen seg 'e
Un treckte sinen Hosendräger
So grimmig dörch de harte Hand,

„Makst Du Din Moder mal de Schand ...“ —
Dunn stunn hei up un güng herin.
Un uns' lütt Pedel stünn un weint,

Dunn kamm ehr Mutting: „Lat man sin
Uns' Vader hett dat so nich meint,
Hett Di mit Fründlichkeit jo tagen.
Un hett Di jo sindag' nich slagen,
Doch schickst Di nich — dat segg ik Di —

Un kümmst mi mal tau Hus mit Klagen,
Denn sallst mal sein, denn is't vörbi!
Na, lat man sin, warst Di woll schicken" —
Un ward sei fründlich an sik drücken.
„„Wo hest Din Reisegeld? In de Tasch?
Wis' her, dat künn Di rute flackern;
Ik will't Di in den Halsdauk knüpen.
Un hür! dehst Du dat Geld verflackern
Un warst dorför nicks Orndlichs köpen,
Denn sallst mal sein! Un wis' den Dahler
Nich Jedwereinen up de Strat;
De Slichtigkeit is glik parat;
De Stähner hett wat, nich de Prahler.
Un grüß Fik Schulten ok von mi,
Sei segg'n tau ehr jo nu „Zophie".
Du lettst Di äwer „Fiken" nennen
Un nich „Zaphie", dat segg ik Di!
Un kannst Du dat so drein un wennen,
Dat Du tau Pingsten hir kannst sin,
Un wenn de Bäcker nicks dorgegen,
Denn kumm, min Kind; wi bliwen in;
Un denn bring för uns' annern Nägen
En Stuten mit för Jedwerein,
Dat sei doch, wenn s' Di weddersein,
Sik tau ehr grote Swester freu'n.
Hir sünd twei Gröschen, nimm sei mit;

Acht Stuten sünd't, dat stimmt genau,
Un nägen Gör'n, denn för dat Völk
Dor giwwt hei Di woll einen tau.
Un nu adjüs! un bliw gesund"" —
Un drückt en Kuß ehr up den Mund —
„„Un holl dat Dinig gaud tau Rad.
Michell köp ik Di 'ne Lad',
Wenn't jichtens mit de Gäus' deit glücken.
Dat segg 'k Di äwerst: möst Di schicken.
Un nu, min Döchting, gah, nu gah!"" —
Un Fiken geit, sei kickt ehr nah,
Un Vader ward ut't Finster kiken:
„Adjüs, adjüs! min leiw lütt Fiken!" — —
Un Fiken geit un weint so sacht,
Ehr is't, as güng s' in düstre Nacht,
As wenn de Sünn un Man un Stirn
Versackt, vergahn an'n Heben wir'n.
Un üm ehr rüm is luter Licht,
Dat lewt un wewt un singt un lüch't,
As wir de Welt hüt jung irst word'n,
As wir't de irste Sünndagmorrn,
An den'n uns' leiwe Herrgott säd,
Dat Allens prächtig wesen ded.
Un sei, sei geit in Blaum un Gras
In Sünnenschin un Vagelsang
So rein un schön as Eva was,

Un in den Harten doch so krank,
As wir sei för ehr ganzes Lewen
Ut't Paradies herutte drewen.
Un is't ok krank mit ehr bestellt,
In jungen Harten flütt en Born,
Von den is Männig heil all word'n,
De Born, worin de Hoffnung quellt.
De wallt tau Höcht ut düstre Nacht,
So deip, so deip, un doch so sacht,
Bald wellt hei up, bald wellt hei dal,
Bet hei tau Dag' kümmt frisch un hell,
Un Heben blag un Sünnenstral
Sik speigeln in sin klore Well.
Un wenn sin Flauthen wider tein
Dörch frisches Wisch- un Waldesgräun,
Denn kiken de Blaumen ut ehren Verstek
Un speigeln sik bunt in de klore Bäk,
Denn ward dat en Flimmern un Lüchten un Bläun,
En Danzen un Springen un Küseln un Dreln;
Un Welt un Heben, de danzen mit,
Wenn vull in Flauthen de Strom hen flütt,
Un in den Harten, dor ward dat en Freu'n;
De Hoffnungsstrom, de heilt un käuhlt,
Bet't kranke Hart gesund sik fäuhlt. —
So was't denn ok mit uns' lütt Fiken,
De swarten Schatten von ehr wiken,

Un wat ehr ahnt un wat ehr swant,
Dat schüchert furt de Sommerdag,
So wankt sei furt bet an dat Flag,
Wo Jochen mit sin Lotting wahnt,
Un set't sik hen, wo Hanner lag.

13.

Un Jochen kickt ut't Finster rut:
„Herr Je, wo süht sei nüdlich ut!“ —
Un winkt un röppt sin leiwe Fru:
„Kik, Lotting, kik! So smuck as Du!“ —
Doch Lott' ward falsch: „„Ih, drähn un drähn!
Wat sall dat dämliche Geklähn?
Raup leiwerst uns're Fründ'n tausamen
Un segg de Swälk, nu süll sei kamen,
Nu wir dat Tid, nu wir dat Tid,
Dat s' in de Stadt herinne tüht.““
„Ja woll,“ seggt Spatz, „un weitst, ik mein,
Wi kön'n jo ok tau Stadt rin tein
Un bi den Bäcker uns inmelden;
Dor kön wi sei am besten häuden.
Ik weit an't Hus en ollen Knast,
Schön holl, de sik tau Hüsung paßt.
Uns' Gören kön'n sik sülwst all fäuden,
Sei freten wunderschön allein.
Un dat is't Best noch bi uns' Lütten,

Dat s' nich tau lang' in't Nest rüm sitten.
Wie schrecklich, Lotting, würd' es sein,
Wenn alle unsre lieben Gören
Hier noch bei uns zu Hause wären,
Und wir, wir sollten sie ernähren!
Nein! Nein! Ich habe viel Gefühl,
Doch was zu viel ist, ist zu viel!
Wir woll'n uns also christlich fassen
Und heut sie in die Welt entlassen." —
Hei röppt sin Kinner nu bi Namen
Un lett s' üm sik tausamen kamen
Un red't sei an recht väterlich:
„Seht, Kinder, Mutter, so wie ich,
Wir haben weise euch erzogen:
Ihr seid zur Prob' schon ausgeflogen
Und fressen könnt ihr meisterlich;
Ich habe euch die Katz gewiesen
Und auch den Häwk und auch di Wih;
Ich warne, hütet euch vor diesen
Und, wo ihr könnt, vermeidet sie.
Merkt euch den Grundsatz für das Leben:
Nehmt Alles, was ihr kriegen könnt!
Aus Großmuth wird kein Brod vergeben,
Und 's schmeckt am besten ungegönnt.
Übt meinetwegen höhern Schwindel,
Er ist Beruf und ist Natur,

Doch übt ihn nobel, liebe Kindel,
Mit Feinheit und mit Politur. —
Nun geht mit Gott! Doch dankbar seid
Mir und Mama zu aller Zeit,
Denn, liebe Kinder, Dankbarkeit
Ist für die Kinder erste Pflicht.
Vergesset dieser Tugend nicht!
Was wir für euch gethan, bedenkt!
Das Leben ha'n wir euch geschenkt,
In vierzehn Tagen euch ausgebrütet,
Euch vierzehn Tag' versorgt mit Futter
Und euch erzogen und gehütet;
Vergeßt das niemals mir und Mutter!
Und nun, ihr Lieben, nun adieu!
Un hollt mal eins den Stert tau Höch!"
Un giwwt en Stot von achter Allen,
Dat s' köpplings in de Welt rin fallen.
De Annern burren af, blot lütt Krischäning,
Wat't Nestkütt is un Muttersähning,
Den kamm tau unverwohrs de Stot —
Tau swack sünd noch sin lütten Flüchten
Un ok de Stert tau kort taum Richten —
Un as hei so dörämer schot
Un rute flött würd ut de Dör,
Dunn föll dat unbehülplich Gör
In uns' lütt Fiken ehren Schot.

Sei nimmt em sachting in ehr Hand:
„Din Flüchten sünd noch nich bewandt,
Du lüttes Dirt; lat ik Di fri,

Denn kriggt de Häwk Di an de Wih.
Ik nem Di mit un will Di plegen,
Bet Du de Flüchten irst kannst rögen;

Büst hir geburen up unsen Felln,
Sallst mi von't Vaderhus vertell'n."
Sei nimmt em mit, un as sei geit,
Kümmt in ehr Hart 'ne Fröhlichkeit,
Un is't en lütten Vagel man,
Sei hett doch wat, wat s' hegen kann.
Dat is de Leiw, de in den Bussen
In'n Düstern still un heimlich wussen.
Un üm ehr rüm dor röppt dat lud:
„Kamt rut, kamt rut, kamt All herut!
Hir geit s', hir geit s'! Süh, kik, süh, kik!
Hir geit uns' leiw, lütt Smidten Fik,
Hanne Nüte'n, Hanne Nüte'n sin Brut!"
Un de Swäll, de zwitschert un wippt un stippt
Ehr Flüchten in't Water, wenn s' räwer swippt:
„Lütt Fiken, lütt Fiken, Du büst de Best;
Lütt Fiken, lütt Fiken, ik treck mit Di:
An't Finster, an't Finster, dor bug' ik min Nest,
Un früh, un früh, denn weck ik Di."
Un Lütting, de singt: „„Nestkülen, Nesthahn!
Krischäning, min Sähning, wo is Di dat gahn!
Du föllst in de Pütt jo mit Rock un mit Büx.
Sitt stilling! sitt stilling! dit deit Di noch nix.
Din Öllern, de bu'n sik en Nest in den Knast
In'n Stänner an't Finster, dicht unner de Fast;
Dor kumm denn an't Finster, denn mak wi Di satt,

Un stieg nich tau iwrig, süs frett Di de Katt.
Sing' Fiken in't Hart rin den frischesten Maud!
Krischäning, min Sähning, un schick Di ok gaud!"
Un nipplich kickt de Nachtigal
Un hüppt den Weg Busch up, Busch dal:
„Lütt Fiken, ik weit en gräun Verstek
In'n Bäckergor'n, nich wid von'n Tun,
Dor flütt vörüwer de klore Bäk,
Dor will 'k dit Johr min Nest mi bu'n;
Un hest Du Tid, un hest Du Tid,
Wenn sacht de Nacht heruppe tüht,
Besäuk mi denn, besäuk mi denn!
Ik sing' Di denn von Leiw, von Leiw,
Un wenn ik treck, drag' ik de Breiw'
Von Hanne Nüte'n her un hen."
Un as sei widder geit, dunn schallt
Ehr ut den frischen gräunen Wald,
Ut düster Nacht, ut käuhle Rau
So'n lustig Lewen un Singen tau.
Oh gräune Wald, oh Vagelsang!
Un wir dat Hart ok noch so krank,
Fäuhlt't sik von aller Welt verlaten,
Din helle Klang, Din frische Athen,
De trösten, heilen, richten wedder,
Wat lag in Angst un Bangen nedder. — —
Un as de Stirn heruppe tein,

Sitt uns' lütt Pudel ganz allein
In ehre Kamer unn're Fast —,
In't Achterhus nah'n Goren wat't —,
De lütte Swälk singt sachting buten,
Pickt lising an de Finsterruten:
„Hir bug' 'k min Nest, hir in de Eck;
Gu'n Nacht! Slap still, bet ik Di weck." —
Un Jochen, de unranig Gast,
De wirkt noch in den hellen Knast;
Un Lotting röppt lütt Krischan tau:
„„Tau, Krischan, Krischan! gah tau Rau!
Un morgen kumm upp't Finsterbrett
Un vell mi, wo sei slapen hett.""
Un buten singt de Nachtigal
Dat Leb von de twei Beiden:
„De Ein treckt äwer Barg un Dal,
De Anner sitt in Leiden.
Un wenn hei tüht, denn lat em tein,
Hei ward mal wedder kamen;
Swer Led liggt dicht bi selig Freu'n
As Barg un Dal tausamen.
Holl ut, holl ut,
Du leiwe Brut!
Hei ward mal wedder kamen.

14.

Wen Hamer treckt dörch Barg un Dal,
Un as hei sine Strat so geit,
Steit hei woll still un horkt woll mal,
Ob hei de Vägel noch versteit;
Doch dat's vörbi, dat's rein vörbi,
Denn förrerem, dat hei dat weit,
Dat Fiken em in'n Harten dragen,
Is all de Gunst un Kunst verslagen.
Doch schadt em nich! Wat Anners spreckt
Vel leiwlicher as Vagelsang:
Dat is dat Hart, sin Stimm is weckt
Un redt mit em den Weg entlang;
Geit hei tau twei, geit hei tau drei,
Un geit hei itzig ganz allein,
Dat redt so'n säutes Einerlei
Von Leiwen un von Weddersein;
Dat redt mit em den ganzen Dag,
Dat röppt ut jeden Hamerslag:
„Man düchtig drup! Man düchtig drup!
Slah up din Isen los!
Du leetst tau Hus 'ne Rosenknupp,
Ward eins 'ne säute Ros'."

Dat was kein Sehnen un Stähnen nich,
Dat was kein Hangen un Bangen,
Dat was kein Willen un Känen nich,
Dat was kein wild Verlangen,
Dat was 'ne grote Freudigkeit,
De ut dat Hart em redt;
In frischen Für, in helle Freud
Hett hei sin Isen smädt.
Un wo hei hett in Arbeit stahn,
Dor was hei Kind von't Hus,
Un wenn hei wedder wider gahn,
Denn folgt em männig Gruß,
Un männig Döchting kek em nah:
„Kem woll ok in de Firn!
Kumm t'rügg! Min Mutting seggt woll: „Ja",
Un ik? Un ik, wo girn!" —
Un wenn dat Döchting ok so spreckt
Un ward ok Mutting willig sin,
De „Meckelburger" äwer treckt
Mit frischen Maud in't Reich herin.
Sin oll Herr Paster hett em seggt,
Hei soll sik hübsch de Welt besein,
Un kümmt't mit Jena ok nich t'recht,
So leckt em doch de gräune Rhein. —
So wandert hei denn lustig wider
Un stött mal eins des Abends lat

Up einen Murer un en Snider,
De trecken beid de sülwig Strat.
De Snider is en nahrsches Krut,
En Puckel hin'n, en Puckel vören;
De Murer ok süht lustig ut,
Un fechten dann s' an alle Dören.
Sei reden fründlich nu tausamen, —
Natürlich Hochdütsch reden sei —
Un as sei in de Harbarg kamen,
Dunn slapen s' All up eine Streu. —
Un as s' des Morgens wider wannern,
Dunn reden oft de beiden Annern
Up Plattdütsch, wil de Schapsköpp glöwen,
Dat't Hanner nich verstahen kann.
Wat Hanne Nüte nich sall hüren:
Wenn't Packertüg sik deit menliren,
Wenn s' äwer em sik lustig maken,
Denn heww'n sei ümmer Plattdütsch spraken.
Na, Hanne lacht in sinen Sinn
Un denkt: „Ji brockt jug schön wat in,"
Un geiht ganz still un stumm dorneben.
„Wo," frögt de Ein up Plattdütsch, „is hei blewen?" —
„„'Ne Mil ward hei noch achter sin.
Un in de Stadt dor wull hei bliwen,
Hei wull an sinen Brauder schriwen,
Dat de em Reisgeld schicken süll."" —

„Je, wenn sin Brauder ok man will?" —
„„Hei möt, säd hei so, un hei redt
Un swört un flucht, wenn hei nich ded't,
Denn wull hei em 'ne Supp anrühren,
Sin Bräuding süll sik schön verfiren."" —
„Ja," seggt de Mutter, „so'ne Saken
Hett hei ok gistern tau mi spraken.
Hei säd, em würd de Sak tau dull,
Sin Brauder hadd den Hals so vull,
Dat Jedwerein em nennt den Riken,
Un hei müßt Land un Sand dörchstriken.
Ik, Brauder Snider, möt gestahn,
De Kirl hett wat Fitals för mi,
As hadd hei mal wat Gruglichs dahn.
Von woher äwer kennt hei Di?"
„„Hei is min Landsmann ut Stemhagen;
Ik kenn em sid min kindlich Dagen,
Hei 's einer von de slimmsten Gäst
Un is en Hundsvott ümmer west.
Un würd dat mal taufällig kund,
Wat hei ..."" un leggt den Finger up den Mund
Un kickt sik flüchtig üm un wis't
Up Hannern, de dicht achter geit. —
„Ih," seggt de Mutter, „red man drist!
Wat uns' Gesellschaft is, versteit
Kein Wurd dervon." — „„Na,"" seggt de Snider,

„De Sak is so — doch segg't nich wider,
Hei sleit mi dod, kriggt hei't tau weiten —
Sin Brauder, den s' den Riken heiten,
Un hei, de hewwen mal vör Johren —
In de Franzosentiden, segg'n sei, wir't —
En frömden Handelsmann nah Wohren
Mit veles Geld in'n Kuffert führt.
De Lüd, de segg'n, dat was en Jud;
Doch dat's egal. Bald sprök't sik ut:
De Minsch was nich nah Wohren kamen.
Ok an't Gericht würr wid hei schrewen,
Sei süll'n doch tauseihn, wo hei blewen.
De beiden würren ok vernamen
Un hewo'n ok jeden lange Tid;
Den Minschen sin oll Mutter kamm von wid
Un hett sei gor tau kläglich beden
Mit Fautfall, Thranen un mit Reden,
Sei süll'n doch seggen, ob ehr Kind,
Ehr armes Kind, wir noch an't Lewen.
Doch All'ns vergews! De Beiden sünd
Bi't Striden un bi't Leigen blewen.
Korrüm! ehr was nicks tau bewisen,
Sei kemen los ut Block un Isen. —
Dei, wat de Smidtgesell deit sin,
De güng nahst in de Frömd herin
Un was up etlich Johren furt,

Un Keiner hett von em wat hürt.
En Schauster blot ut unsen Urt,
De hett em mal tau Hamborg drapen;
Dor hett hei'n snurrig Lewen führt:
Den dürsten Win blot hett hei sapen,
Un mit so'n oll eufamtes Nickel
Von Dirn hett hei sik rümmer treckt
Un hett dor spelt en schönen Zwickel,
So lang' dat stahlen Geld hett reckt.
Un as dunn Allens dod was slagen,
Dunn kamm hei wedder nah Stemhagen
Un läd sik bi den Bäcker in.
Dat was dunn all en riken Knast,
Denn de Kujon würd kläuker sin,
Un wat hei hadd, dat höll hei fast.
Na, äwer dunn! — All Dag' was Larm
In'n Bäckerhus'; sei slogen sik
Binah intwei de Bein un Arm,
De Näsen breit, de Ogen dick,
Bet dat Gericht dortüschen kam
Un den Gesellen rute nam.
De hett nu hir un dor rüm legen,
Het't Eten von den Brauder kregen,
Is denn mal wedder wandern gahn,
Het't Geld, wat em de Armer gaw,
Up liderliche Wis' verdahn;

Un so güng't ümmer up un af."" —
„Na, un de Bäcker?" frögg't de Mudder. —
„„Ih, dat's so'n Slicker, is so'n Luder,
Kann Keinen in de Ogen sein,
Is gegen Armaud hart as Stein,
Sport Geld tausam un giwwt nicks ut,
As wenn hei praßt för sik allein.
De Lüd', de reden allerlei,
Un wenn ok Allens wohr nich is,
Wat is mit em nich in de Reih,
Un Eins, dat weit ik ganz gewiß:
Hei kann kein Kiwitts hüren schri'n. —
Dat sünd nu woll en Johrner drei,
Dunn geit min Vader nah Gallin,
Un unnerwegs dröppt hei den Bäcker.
Sei grüßen sik un gahn tausamen,
Un as sei ut den Holt rut kamen,
Dunn gahn sei sik wat in de Richt
Dörch eine Wisch; mit einmal flüggt
En Kiwitt ümmer üm ehr üm
Un röppt un krischt mit helle Stimm.
Dunn steit de Bäcker dodenblaß,
As wenn hei ban'nt un töwert was,
Dörch sine Knaken flüggt en Bewer,
Em schüddell't as dat tolle Fewer;
Dunn schütt dat Blaud em in't Gesicht —

Min Oll', de denkt, em rögt de Slag —
Un as hei wedder Lewen kriggt,
Dunn stamert hei ut't Mul herut:
„Verfluchtes Dirt, verfluchtes Flag!"
Un stört't dunn furt in helle Wuth. —
Min Vader seggt, hei hadd sik äwer
Den Bäcker hellschen irst verfirt,
Doch as de irste Schreck vöräwer,
Dunn hadd hei lacht un em vexirt;
Denn hadd de Bäcker, ahn tau spreken,
Em mit en düstern Blick ankeken,
De wir so scharp dörch't Hart em gahn,
As hadd't Ein mit koll Isen dahn.
Hei hadd sindag' nich wedder lacht,
Wenn hei an jennen Blick hadd dacht." —
So reden sei denn mit enanner
Un Keiner denkt an unsen Hanner,
Denn de wart ganz unschüllig daun.
Doch as sei äwer Middag raun,
In'n Schatten unn're Eik henreckt,
Den Kopp up ehren Bündel leggt,
Dunn sus't wat äwer ehr tau Höcht;
'Ne Schauw von Adebors, de treckt
Ehr Kreisen ümmer neger, neger,
Un ümmer dichter, ümmer höger
Dreit sik de Tog taum Heben rup.

Dunn springt Jehann von't Lager up
Un röppt up Plattdütsch unverwohrs:
„Kikt dor, kikt dor de Adebors!" —
Knapp hett hei äwer dit man seggt,
Dunn fohrt de Murer up em in,
Un de lütt pucklich Snider frögt:
„„Was soll dies sin? Was soll dies sin?
Zu Adebors, da sagt mer „Sterche"
Un zu die Lewark sagt mer „Lerche".
Gesellschaft, Du kannst Plattdeutsch reden?"" —
„Ja," seggt Jehann. — „„Entfamte Lurer!
Du hest uns uthorkt,"" röppt de Murer.
„„Täuw, dit, dit will wi Di verleden!""
Un höllt de Fust em unn're Näs'.
„Holt!" röppt Jehann. „Ji dummen Kläs',
Ji wullt Jug äwer mi mokiren?
Ji wullt mi irst dat Wandern lihren?
Ji wullt mi hänseln, wullt mi plücken,
Dat Geld mi ut den Büdel strêpen,
Mi mit 'ne lange Näs' weg schicken,
Un mi taulest för dumm verköpen?
Nu hew ik Jug, nu kann ik Jug betahlen,
Ik bruk den ollen Smärgesellen
Blot Juge Reden tau vertellen,
De ward dat Ledder Jug versahlen." —
De Murer schüll, de Snider bed,

Bet endlich Hanne tau em säd:
„Na, lat't man sin! För mi büst säker.
Ik kenn den Smidt un ok den Bäcker,
Ik heww mal sülwst wat mit ehr hatt.
Du äwerst, Snider, mark Di dat:
So licht lat ik mi noch nich plücken.
Un makt Ji mi noch mal so'n Stücken,
Is't mit de Fründschaft rein vörbi,
Un denn giwwt't irnstlich Krakeli." —
De Murer un de Snider böden
De Hand denn ok tau ewgen Freden,
Un ut de Drei, dor würden Frün'n,
Un wo s' nich all Drei Arbeit fün'n,
Do treckten Smidt un Murer, Snider
In lustige Gesellschaft wider,
Un treckten sei de Strat entlang,
Denn stimmten s' an den Wannersang:

Die Wanderschaft ist schöner doch
Als sitzen still im Haus;
Und weht der Wind in's Ärmelloch,
Er weht wohl wieder raus.

Wir ziehn zu zwei, wir ziehn zu drei
Durch Sachsen und durch Preuß'n;
Und reißt der Stiefel auch entzwei,
So laßt den Schelmen reiß'n!

Das Mädchen schaut uns lange nach
  Wohl über Vaters Zaun:
Gott grüß' dich, Mädchen, jeden Tag!
  Dich, Mädchen, blond und braun.

Mit Augen braun, mit Augen blau,
  Mit Rosen im Gesicht;
Ich macht' dich gleich zu meiner Frau,
  Wär' nur das Wandern nicht!

Frau Mutter, eine Kanne Wein
  Für Geld und gute Wort!
Und kehren wir auch heute ein,
  So ziehn wir morgen fort.

Und borgen wir auch heut bei dir,
  Laß du das Mahnen bleib'n,
Schreib's nicht an deine Kammerthür,
  Mußt's in den Schornstein schreib'n.

Und ist der Beutel leer an Geld,
  Wird wieder frisch geschafft;
So ziehn wir durch die ganze Welt
  Auf uns'rer Wanderschaft.

15.

As Harwstwind äwer de Stoppel weiht,
Dunn liggen drei Burßen in Herzlichkeit
Tausamen unner den Schatten-Bom
Un sein heran up den gräunen Strom
Up den gräunen Rhein, up olle Borgen,
Un singen herin in den hellen Morgen.
Sei singen, ob't paßt, is ganz egal;
Ehr Led schallt lustig dörch Barg un Dal,
Sei singen en Jeder, wat Jeder weit,
Doch wat sei singen, ut Hartensfreud'.
Dat is de olle leiwe Sang,
De schallt tauirst, wenn't Hart noch fri,
Un klingt denn nah dat Lewen lang
Mit sine säute Melodi;
Dat is de Lust, de rute breckt,
Wenn Gottes Herrlichkeit
So warm un vull taum Harten spreckt,
Wenn't frisch un jung noch steit.
Wat kümmert't uns, wo't rute kümmt,
Wat kümmert't uns, wo't stimmt?

Dat is de Lust, de helle Freud',
De Maud is't, de in'n Harten glänt,
Sei möten rute in de Welt!
Wen kümmert't, ob't gefällt? —
De Murer wüßt en einzig Led,
Hei wüßt man blot dit ein,
Dat sung hei, wenn hei trurig set,
Un wenn hei sik wed freu'n;
Un was hei trurig, sung hei't sacht,
Un was hei lustig, lud;
Hei hett dorbi ball weint, ball lacht,
'T kamm All up Eins herut:

„Habe wieder mal was Neu's erfahr'n,
Daß mein Schatz, das allerliebste Kind,
Welchem ich so lieb und treu gesinnt,
Daß mein Schatz mir ungetreu is werd'n.

Ihre Zähne, die sind kreideweiß;
Kreide-kreideweiß sind ihre Zähn',
Rosenroth ihr Mündlein anzusehn.
Meine Liebe zu ihr, und die war heiß.

Als sie mir die Treue hat gebroch'n,
Lag ich wohl die lange, lange Nacht,
Hab' die Sach' mir über-überdacht,
Daß sie mir in's Herze hat gestoch'n.

Lebe wohl, du Allerungetreu'st!
Zieh' nun über Berg und über Thal,
Siehst mich nun zum letzten, letzten Mal;
Wenn du deine Sach' nur nicht bereu'st!

Hast du dann was Neues mal erfohr'n,
Daß dein Schatz in fernem, fernem Land
Ruhen thut im leichten, leichten Sand,
Daß dir's dann nur leid nicht ist geword'n!"

„Na," röppt de pucklich Snider, „hür,
Wenn't Ding man nich so trurig wir!
Dat geit so dusemang un sacht,
As wenn bi uns de Nijohrsnacht
Oll David von den Thorm wat blös't;
Un wir Din rod Gesicht nich west,
Hadd 'k dacht, ik wir tau Gräfniß beden.
Ne, Mudder! kannst nicks Beters bringen,
Denn süllst dat Singen ganz verreten.
Paß up! Min Led sall anners klingen:

Es thät ein Schneider mal sich frei'n
Des böhm'schen Grafen Töchterlein,
Sie war von hohem Adel.
Was setzt' er in das Wappen sein?
'Ne Scheere und 'ne Nadel.

Und schrieb darum in jede Eck:
Meck, meck, meck, meck, meck, meck, meck, meck!
Und künd'te allen Leuten:
Sein'n Wahlspruch sollt's bedeuten.

Und als er minniglich bemüht
Mit seinem Schatz zur Traue zieht
Mit Nadel und mit Scheere,
Und Jedermann nun klärlich sieht,
Daß's nur ein Schneider wäre,
Da rufen Alle: Geht mer weck!
Meck, meck, meck, meck, meck, meck, meck, meck!
'S ist leider, leider, leider!
Der neue Graf ein Schneider.

Und als er an die Hofstatt kam
Und dorten seinen Antritt nahm,
Da lacht es männiglichen:
„Sein Wappen ist gar wundersam;
Der ist auf Schnitt und Stichen!"
Und zu des armen Schneiders Schreck
Geht's wieder los: Meck, meck, meck, meck.
Ja, in des Kaisers Halle,
Da meck- und neckten Alle.

Es lacht des Kaisers Majestät,
Bis ihm beinah der Bauch vergeht:

„Oh, bringt ihm doch 'ne Elle!
Ein Rößlein, das fein sachte geht. —
Nun, Ritter, reite schnelle!
Und fall vom Roß nicht in den Dreck!"
Und Alles lachte: Meck, meck, meck!
Und selbst sein Weib, das feine,
Das stimmte hell mit d'reine.

Da zog der neue Ritter aus,
Für immer aus des Kaisers Haus
Und von der Grafentochter,
Und manchen schweren, harten Strauß
An allen Thüren focht er,
Und jedem Dirnlein frei und keck,
Das hinter ihm rief: Meck, meck, meck,
Dem stand er zu Gebote:
„Heraus, du weiß-und-rothe!"

Drum merkt Euch, Schneider, die Geschicht:
Frei't böhm'sche Grafentöchter nicht
Und ziehet nicht zu Hofe!
Dann lacht Euch nicht in's Angesicht
Der Knappe und die Zofe.
Nein, fechtet brav, ihr Ziegenböck!
Und ruft ein Mädchen: Meck, meck, meck,
Dann küßt sie auf der Stelle,
Ihr Ritter von der Elle!

„Wat's dit för Wirthschaft!“ röppt Jehann,
„Ji stimmt hir blot wat Hochdütsch an,
En Led, wat in de Bäuker steit?
Ik sing Jug, wat tauen Harten geit,
Un paßt mi up un fallt mit in,
Denn sall dat prächtig klingen.
Wat? Ji willt plattdütsch Burschen sin,
Un känt nich plattdütsch singen?:“

Ik weit einen Eikbom, de steit an de See,
De Nurrstorm, de brus't in sin Knäst,
Stolz reckt hei de mächtige Kron in de Höh;
So is dat all dusend Jehr west:
Kein Minschenhand,
De hett em plant't;
Hei reckt sik von Pommern bet Nedderland.

Ik weit einen Eikbom vull Knorrn un vull Knast,
Up den'n fött kein Bil nich un Ext.
Sin Bork is so rug un sin Holt is so fast,
As wir hei mal bannt un behext.
Nicks hett em dahn:
Hei ward noch stahn,
Wenn wedder mal dusend von Johren vergahn.

Un de König un sine Fru Königin
Un sin Dochter, de gahn an den Strand:

„Wat deit dat för'n mächtigen Eikbom sin,
De sin Telgen reckt öwer dat Land?
  Wer hett em plegt,
  Wer hett em hegt,
Dat hei sine Bläder so lustig rögt?"

Un as nu de König so Antwurt begehrt,
Trett vör em en junge Gesell:
„„Herr König, Ji hewwt Jug jo süs nich d'rüm schert,
Jug Fru nich un Juge Mamsell!
  Kein vörnehm Lüd',
  De hadden Tid,
Tau sein, ob den Bom ok sin Recht geschüht.

Un doch gräunt so lustig de Eikbom up Stun'ns,
Wi Arbeitslüd hewwen em wohrt;
De Eikbom, Herr König, de Eikbom is uns',
Uns' plattdütsche Sprak is't un Ort.
  Kein vörnehm Kunst
  Hett s' uns verhunzt,
Fri wüssen s' tau Höchten ahn Königsgunst.""

Rasch giwwt em den König sin Dochter de Hand:
„Gott seg'n Di, Gesell, för Din Red'!
Wenn de Stormwind eins brus't dörch dat dütsche Land,
Denn weit ik 'ne sökere Städ':

Wer eigen Ort
Fri wünn un wohrt,
Bi den'n is in Noth Ein taum besten verwohrt.

Un as hei sung sin Led tau End,
Dunn würd sik achter em wat rögen,
Un as hei dornah üm sik wen'nt,
Kickt em de Smärgesell entgegen.
Sin Og kickt höhnichen un verglas't
In ehren lust'gen Kreis herin,
Un in sin Minen hadd de Sülu'n

Mit all ehr Wuth herümmer rast.
Twer liggt üm sine Lipp en Haß,
As wenn ut Bli hei gaten was,
Un will hei lachen, wart't en Wesen,
Dat Jeden grugen würd un gräsen.
Verfollen stunn hei vor, verkamen,
En schändlich Bild in dreck'gen Rahmen.
„So," rep hei, „so! Hir drap ik Jug!" —
Un rute platzt en weusten Fluch —
„Ik singt jo hellschen äwerböstig,
Denn is de Branntwin woll nich wid.
Na, rückt man rut! denn ik bün döstig.
En Sluck smeckt beter as en Lid."
De drei Gesellen sprungen up,
De Lust was hen, de Freud' vergällt,
As wenn in frische Rosenknupp
En gift'ge Worm herinneföllt.
Denn is dat ut mit Bläu'n;
So was't ok mit ehr Freu'n.
„„Wat geiht Di hir uns' Singen an?""
Röppt hellschen ärgerlich Jehann.
„„Gah Dine Weg', uns lat in Rau!"" —
Un wat de beiden Annern wiren,
De stimmen kräftig ok mit tau:
„Wi heww'n mit Di nicks tau verlihren!"
Un trecken af mit ehr Fellisen. —

„„Ja, gaht man!““ röppt de Kirl ehr nah.
„„Kann ik nich gahen, wo ik gah,
Ji bruukt de Weg' mi nich tau wisen.
Na, täuwt! wi will'n uns wider spreken,
Ik ward Jug mal en Sticken steken.““
Un wankt ehr nah mit falschen Blick.
So hinkt de Afgunst achter't Glück,
Un flüggt dat Glück ok noch so hoch,
De lahme Afgunst kriggt dat doch;
Un hett sei't fat't mit knäkern Armen,
Denn wörgt sei't dod ahn Gnad un Barmen.

16.

Tis wedder mal de Gösseltid.
De Lewark stiggt nah'n Heben rup
Un singt ehr helles Frühjohrslid;
De Bom, de driwwt sin brune Knupp
Un smitt dat letzte gele Blatt
As Deckbedd dal för Gras un Krut.
De kiken jung un schämig rut
Un reden lis' von dit un dat,
Von Winters Noth, von Sommers Freuden,
Un ligg'n enanner in den Arm
Un flustern sacht: „wo warm! wo warm!"
Un hoch an'n Heben treckt de Kraun
Un stödd herun in ehr Posaun:
„De Luft is fri! De Luft is fri!
Mit Snei un Winter is't vörbi!"
Ehr Swager Aderbor, de steit

Vergnäuglich up den einen Bein,
Will't nu bald Poggen geben deil,
Un kickt von't Schündack up den Rhein
Un klappert ruppe nah de Kraun:
„Fru Swägern, grüß sei mal von mi,
Ik kem dess' Dag glik achter Di,
Ik hadd hir blot noch wat tau daun;
Ik müßt nah Hanne Nüte'n sein.“
Un flüggt herum un dröppt den Specht,
De is hir 's Winters äwer blewen,
Un warren beid sik hellschen frew'n
Bet endlich Adebor em fröggt:
„Na, hett't hir wat Besonders gewen?“ —
„„Mit Hanne Nüte'n?““ fröggt de Specht.
„„Ih, Arbeit hett hei hir jo fun'n,
Hei arbeit't in de Smäd dor un'n;
Un ok de Snider is hir blewen,
De Murer hett sik nimmer drewen
Den Winter dörch, un äwer is
Hei hir in Arbeit wedder wiß.““
„Ih,“ seggt de Adebor un schellt,
„Wat uns de Snider un Murer gellt!
Ik frag', ob Hanne an sin Fiken
Mit faste, true Leiw noch höllt,
Wil deß ik äw'r'e See müßt striken.“ —
„„Dat weit ik nich so ganz gewiß

Weit blot, dat hei in Arbeit is,
Hir un'n bi 'ne Fru Meisterin,
Wat noch en smuckes Wiw deit sin."" —
„Gotts Dunner!" röppt de Adebor,
„Wotau hewwn'n w' Di denn vörrig Johr
Hir bi em sei't?
Na, dit is nett!
Hei sall den Jung'n för Untru schütten
Un sett em bi 'ne Fru Meistern sitten,
Un bi 'ne jung'! Weitst wat dat seggt?" —
„„Du hest gaud reden!"" seggt de Specht,
„„Mi geit't up Stun'ns man hellschen swack,
Dor sitt ik nu un hack un hack
Den leiwen langen Winter äwer,
Un denn un wenn man 'n lütten Käwer;
Ik hew allein mit mi tau daun.
Doch säd mi hüt de Swärsch ehr Haun:
De Olsch, de leg em stramm tau Liw,
Sei set em hellschen up de Hacken
Un wull em hüt Pankauken backen;
För Hannern wir ehr nicks tau riw.
Un wenn hei wir taum Graben gahn,
Denn wull sei em den Kauken bringen,
Un hadd ok so'ne Reden dahn:
Hüt müßt't ehr mit ehr Leiw gelingen."" —
De Adebor tickt langs de Näs'

Un stellt sik up den einen Bein —
Up dese Ort kann hei in des'
Verhältnissen am besten sein —
Un makt in de Geswindigkeit
Sik einen Slachtplan schön taurecht,
Un flickt tau Höcht un fröggt den Specht,
Wo Hanne Nüte graben deit.
De wis't em denn nu ok Bescheid.
De Oll, de flüggt dat Feld hendal,
Un up den Tun süht hei den Sprein:
„Matz, heſt Du nich dat Rabhaun sein?
Oh, raup mi doch dat Rabhaun mal!"
Dat Rabhaun lett nich up sik luren,
De Adebor, de bückt sik dal
Un flustert ehr wat in de Uhren:
Sei nickt em ja, dat süll geschein.
Hei flüggt up't Schündack wedder rup
Un stellt sik up den einen Bein. — —
Klock nägen geit de Smäddör up.
Fru Meisterin, so rund un slank,
En smuckes Wiw, so blink un blank,
So nett un sauber baben un un'n,
Trett ut de Husdör glau herut,
In'n slohwitt Dauk den Kauken bun'n:
„Dit sall Di smecken, Hanning Snut!
Un denn, un denn? ... Wi warden't sein —

Natürlich All'ns in allen Jhren —
Hei is jo ok von Fleisch un Bein,
Un hett en Hart ok tau verliren."
So trippelt sei de Strat entlang,
Un böhrt dat Röckschen in de Höh,
Wo Rönnstein un wo Pütten wiren,

Bileiw! dat s' keinen Hamel kreg!
Un kamm s' denn wedder up den Drögen,
Denn let s' dat Röckschen ok nich dal,
Dat doch de Lüd ehr Beinwark segen.
So geit sei wider. Mit einmal
Geit't baben von dat Schünendack:
Klack, klack, klack, klack, klack, klack, klack, klack!

Sei lickt tau Höcht: „De Aderbor!
Dat is de irst in desen Johr.
Dat Teiken," seggt sei, „wir nich slicht!
Schad is dat blot, dat hei nich flüggt,
Un dat hei sitt un klappern deit;
Denn sall je Ein för't negste Johr
Bel Pött un Schötteln lappeniren. —
Na, dat is ok so'n Dämlichkeit! —
Un mi sall't säker nich passiren.
Na, grüß di Gott, du Langebein!
Wo sik dat doch so prächtig paßt,
Dat hüt grad ik tauirst di sein!
Kumm, bug' din Hus up mine Kast!" —
Sei geit nu wider nah den Fell'n,
Wo ehr leiw Hanning Kiking grewwt.
„So'n Teiken," seggt sei, „sall doch gell'n!
Ein geit vel säk'rer an't Geschäft!" —
Nu kümmt en Graben. Dat's fatal!
Dor unnen nah de Brügg' hendal,
Dat is tau wid. Man fort entslaten!
So'n Sprung is ehr all oft gelungen,
Sei hett all velmals höger sprungen.
Sei ward ehr Röckschen höger faten,
Sei't an un springt nu: eins, zwei, drei!
Hurrr! flüggt dat Rabhaun up nah baben,
Un de Fru Meistern in den Graben.

Un all ehr Schötteln sünd intwei,
Un all ehr Kauken dreck'ge Klümp,
Un ganz vull Modd ehr witten Strümp,
Un all ehr heite Leiw is käuhlt,
As sei dat kolle Water fäuhlt. — —

Un as s' sik endlich rute ampelt,
Dunn steit sei dor un pust un trampelt
Un smitt den Kauken in den Sand
Un hett de Schörten in de Hand
Un paßt s' tausam: „So hewwen s' seten."
Ehr heite Leiw is ganz vergeten.
Un geit nah Hus — 't is ganz egal,
Ob dörch 'ne Pütt, ob up den Drögen —
Un lett ehr Röckschen reip hendal,
Dat blot de Lüd ehr Strümp nich segen.
Un kickt up't Schündack rup un seggt:
„De dämlich Adebor hadd Recht!" —
De äwer stunn up sinen Bein
Un kek von't Schündack höhnschen runne
Un lacht vör sik — up des' Ort kunn 'e
Sihr spaßig un sihr spöttsch utsein —
Un klappert run: „Fru Meisterin,
Dat was woll nich nah Ehren Sinn,
För dütmal laten S' t man bewen'n,
Dat namm doch tau en Nät'rig En'n."

Un flüggt herunne nah dat Feld,
Wo Hanne gräwwt, un seggt tau sik:
„Möt doch mal sein, wo hei sik höllt,
Un ob de Jung' noch up den Schick."
Un as hei nu so räwer tüht
Un Hanne em dor fleigen süht,
Sett't hei den Spaden bi de Sid
Un singt dat olle Kinnerlid:
„„Adebor, du Langebein,
Wennihr wullst du weg hir tein.""
Un Adebor, de seggt: „Dat mag ik liden,
Hei denkt noch an sin Kinnertiden;
Sin Back is rod, fri is sin Blick.
Vel Glück, Jehann, vel Glück, vel Glück,
Vel Segen is för Di upspoort;
Du hest Din Unschuld Di bewohrt."
Un nimmt sin Flüchten in de Hand
Un segelt äwer Stadt un Land,
Un wo hei kümmt, dor lö't en Freu'n:
„Wi heww'n den Adebor all sein!"
Un as hei kümmt nu nah Gallin,
Dunn freu'n sik ok all Smidten sin:
„Adebor, du Nauder,
Bring' mi'n lütten Brauder!
Adebor, du Nester,
Bring' mi 'n lütte Swester!"

Un bidd'n noch üm en nigen Segen,
Du leiwer Gott! un't sünd all nägen! — —

Fru Meisterin dacht hen un her,
Kek Hannern an un likt ehr Schör:
„Kein Bom föllt up den irsten Hau,
Ik hau noch eins un twelmal tau;
Hei is jo jung, ik ok jo noch."
Un halt 'ne Wust von ehren Bähn:
„Na, Mecklnburger, eten S' doch!
Un drinken S'! Hir steiht Win, min Söhn."
Un uns' gaud Hanne? Ganz unschüllig
Verteihrt hei Win un Wust gedüllig.
Un gung Fru Meistern in ehr Kamer:
„Na, Mecklnburger, nu gu'n Nacht!
Un laten S' sik wat Leiwes drömen."
Denn hujahnt hei: „„De grote Hamer,
De hett mi hellschen afmaracht."" —
De Bengel süll sik brav wat schämen! —

Vir Wochen nah den Aderbor
An'n Sünndagnahmiddag, dunn stünn
In ehre Käk Fru Meisterin
Un kakt en Pöttken Schockeler.
Un wat dortau? Pannkauken deden
Ehr ellich mal eins all verleren,

Ne, Waffelkauken müßten't sin. —
Hett Ein von Jug woll mal eins sein,
Wenn so'ne jung' Fru Meisterin
Tau Mehl un Rohm de Eier rührt,
Mit't Waffelisen rüm hantirt,
Wenn s' mit ehr runden, drallen Bein
Herümmer hüppt bald hir, bald dor?
Bald springt sei nah de Schockelor,
Bald möt sei nah de Waffeln sein,
Un möt dat Isen dreihn un wen'n.
Wo güng ehr dat so glatt von Hän'n,
As sei ehr sauber Arbeit dahn!
So smidig gung ehr Arm un rund,
Dat Ein dorup hadd swören kunnt,
Sei künn dormit en Knuppen slahn.
De lütten Bein un Arm, de flogen
So sträwig nett, so fix un licht,
De Kahlen gläun ehr ut de Ogen
Un von ehr frisches Angesicht.
Un unner ehren witten Dauk,
Dor brennt ehr lüttes Hart so heit
Un het't so hild un puckt un sleit,
As wenn oll Schultsch ehr Stuwenklock
In jede Stun'n fiw Virtel geit.
Un dat all üm de Schockelor
Un üm de Waffeln? Gott bewohr!

Ne, dorüm ward sein Hart nich rönnen,
Binah dörch Lahenschörten brennen;
Dit Wirken all von bin'n un buten,
Dit Rümhandtiren mit Arm un Bein,
Dit Hartenpuckern, dit Ogenglüm
Is all för unsern Hanning Smuten.
De Schapskopp hett dat blot nich sein. —

Den sülw'gen Abend satt Jehann
In'n Goren mit Fru Meisterin,
Vör Beiden stunn 'ne blanke Kann,
Un ut de Kann schenkt sei em in
Un reckt em ok de Waffeln hen:
„Na, Meckelnburger, drinken S' ut!
Un seggen S' mal, wo smeckt sei denn?" —
„„Heil prächtig,"" seggt uns' Hanning Smut,
Un drinkt sin Schockelor un packt
Den Teller sik vull Kauken vull,
„„Dit's noch nich in min Tähnen backt.
Un wenn min Mutting ok woll wull,
Min Vader was partuh entgegen,
Dat in den Hus' würd Kauken backt.
So'n Kauken heww 'k meindag' nich kregen."" —
Fru Meistern schenkt em wedder in:
„Denn was Ehr Vader woll recht hart?" —
„„Dat segg'n Sei nich, Fru Meisterin!

Hei slog mi woll den Puckel swart
Un was mi hellschen streng tau Tiden
Un kunn kein Leckermüler liden,
Doch heww 'k noch keinen Minschen funnen,
De mi so leiw un tru was sunnen." —
Hir würd Fru Meistern ehren Schörtenband
Verlegen üm den Finger win'n
Un süfzt un seggt: „Dat wir 'ne Schand!
So'n Minschen ward'n Sel vele finn'n. —
Ne, ne! De Öllern sünd tau hart,
Dat schellt un schellt un strit un sleit,
Wenn mal so'n armes junges Hart
Nah'n sütten Mundsmack lanken deit.
Dor was ik anners tau min Tid,
As mi min selig Mann hett fri't —
Ach Gott, ik was en junges Ding,
Un'n halw Johr hewm 'k em so man hatt —
Dor brukt dat man en halwen Wink,
Denn sorgt un sex ik all, un wat
Ik em von Ogen kunn afleien.
Dat müßt nah sinen Willen wesen.
Ach Gott, dat sünd nu knapp twei Johr —
Ik weit dat noch, as wir dat hüt —
Dunn säd hei: „Kak uns Schockelor,
Ik hewm dorup so'n Appetit."
Un fein S', hir up dit ihig Flag —

'T was grad ok Sünndagnahmiddag —
Treckt hei mi noch up sinen Schot,
Un drünken Beid in Gottes Namen
In Leiw uns' Schockelor tausamen,
Un acht Dag' drup, dunn was hei dod."
Un fung nu 'n Beten an tau plinsen
Un an tau süfzen, an tau günsen,
Un würd so trurig bi em sitten
Un läd, as müßt sei sik drup stütten,
De Hand up Hannern sine Schuller.
Den jammert dat, un trösten wull 'e,
Em würd weikmäudig ok tau Sinn:
„„Na, laten S' man, Fru Meisterin,""
Un strakt ehr äwer't glatte Hor. —
Herrgott, wo 's nu de Aderbor? —
„Ja," seggt sei, „ik heww minen Ollen —
Ik heww em as en Prinzen hollen,
Un hei, hei het't mi ok vergullen,
Denn Hus un Feld un Smäd un Schün —
Sein S', Mecklenburger, All'ns is min;
Un up dit All kein Spirken Schullen.
Dat heit hei kort vör sinen End
För mi All set't in't Testament,
Dat hett hei Allens mi vermakt."
Un rohrt dorbi ehr bittre Thran
Un hett ok gor tau kurlos dahn;

Un de oll Jung', de tröst't un strakt.
Sei höllt sik faster an em wiß,
Un hei rückt ranne in ehr Neg'. —
Ach Gott, wo woll dat Rabhaun is?
Dat't Rabhaun doch tau Höchten flög! —
„Ja," seggt sei, „dat wull 'k All verdragen,
Doch dat 'k in minen jungen Dagen
So ganz allein stah in de Welt,
Sein S', Hanning, dat is taum Verzagen!
Wat helpt mi Gaud, wat helpt mi Geld?
Ja, wir ik olt, denn wull 'k nicks seggen,
Denn künn 'k min Geld up Zinsen leggen,
Doch nu in minen jungen Johren ...!"
Un fängt nu düller an tau rohren
Un leggt vör luter Trurigkeit
Sik sacht in Hannern sinen Arm.
Un de oll Jung, de tröst't un ei't,
Un dorbi ward em gor tau warm —
'T is mäglich von de Schockelor.
Oh Rabhaun un oh Adebor,
Nu is't de allerhöchste Tid! —
Un as sei liggt an sine Sid,
So trostlos tau em rupper süht,
Dunn fohrt't em so dörch sinen Sinn,
Ob nich en Kuß sei trösten künn. —
Wat woll so'n Jung' von Küssen weit? —

Doch kik, de Stängel bückt sik dal,
As wüßt hei lang' dormit Bescheid,
Un de Fru Meistern kickt tau Hög,
De Lippen sünd ganz in de Neg' . . . .

Mit einem Mal,
As wenn en Blitz dortwischen flög,
Fohrt Hanne up, as ut en Drom:
„„Fru Meisterin, de Nachtigal!““ —
Un ut den bläu'nden Appelbom,
Dor schallt herun en säutes Lid,

Dat wedder dörch de Seel em tüht,
As dunn taumal,
As hei an jennen Affschidsdag
Vör Jochen sine Husdör lag. —
As wenn so'n Waldhurn in de Firn
Weihmäudig klagt, so klingt dat dal,
As wenn sin leiwe lütte Dirn
Em grüßt taum allerletzten Mal,
As wir all Glück un Freud' verfollen,
Un't süll up Irden nicks mihr hollen.
Un denn mal wedder liggt dat hell
Up den Gesang as Morgengläun,
Wenn klore Flauthen Well up Well
Dörch't gräune Land gen Morgen tein.
Un nu taulett, nu klingt dat Lid
Un jucht tau Höcht mit hellen Schall,
As wenn't all in den Himmel süht,
Den true Leiw mal arben sall.
Wat Jeder ahnt un Keiner weit,
Dorvon giwwt Nachtigal Bescheid. — —

Jehann steit dor, lickt vör sik dal,
'Ne gruglich Angst, 'ne bittre Qual
Snert em dat frische Hart tausamen:
Wo is dat schein? Wo is dat kamen?
Wat hett sei seggt? Wat hett hei dahn?

Un as em de Gedanken kemen,
Dunn föllt up sine Seel so'n Schämen,
Hei kann de Ogen nich upslahn.
Un as hei sik besinnt nahgraden,
Ligg't em so düster up den Sinn,
As hadd hei Gott un Welt verraden.
Sin ollen Öllern fall'n em in,
Un wat sin Vader tau em säd,
As hei tauletzt em segen ded:
„Gedanken gläun in helle Ess',
Un sünd sei rein von Slack un Slir,
Denn fat Din Wark mit Tangen an.
Holl wiß! Holl wiß, min Söhn Jehann!
Un smäd Din Wark in frischen Für!"
Un sin Gedanken, de sünd gläut
In Scham un Gram un Trurigkeit,
Nu sünd sei rein von Slack un Slir,
Nu smäd din Wark in frischen Für!
Hei kickt tau Höcht: „Fru Meisterin,
Ik weit ... ik bün ...
Ik heww Jir grotes Unrecht dahn.
Ik möt bi Sei ut Arbeit gahn." —
Dat arm lütt Wiwken kickt em an,
As künn s' kein Wurt von em verstahn.
„Fru Meistern," röppt nochmal Jehann,
„Ik möt ut Ehren Hus herut.

Ik hew tau Hus 'ne leiwe Brud,
De lat ik nich un kann s' nich missen;
De Vagel sung s' mi in't Gewissen." —
De lütt Fru Meistern sitt un weint,
Ehr Hart is bet taum Dod bedräuwt,
Sei het't mit em so ihrlich meint,
Sei hett den Jungen würklich leiwt,
Ehr stumme Mund, de sprekt kein Wurt,
Sei wen'nt sik af un winkt em furt;
Un as Jehann sik af deit wen'n,
Dunn folgt s' so kurlos ehre Hän'n,
Doch as hei von de Gorenpurt
Noch einmal tau ehr räwer kickt,
Dunn lö't ehr glückt,
Dunn hett s' 't verwun'n,
Ehr gaudes Deil hett s' wedder fun'n,
Un springt tau Höchten, rasch entslaten,
Un rod von Schämen äwergaten
Geiht sei em nah un redt em an:
„„So gah nich von mi furt, Jehann!
Un kann't nich sin un sall't nich sin,
Denn will'n wi doch in Freden scheiden,
Un wenn ik Di mal helpen künn,
Denn ward ik girn de Hand Di beiden.
Un nu, adjüs! Wi bliwen Frün'n.""
Jehann drückt ehr de Hand un geit,

Un sin Fru Meisterin, de stellt
Noch lang', wo sei tausamen stün'n,
Un kickt em nah den Weg entlang.
Un oftmals steit s' nah Johr un Dag
Up dit sin letztes Scheidelslag,
Dat lütte Hart von Weimaut krank.

Wi Minschenkinner sein de Flög'
Woll girn mal wedder, wo de Lust
In hellen Flammen ut uns slög,
Doch jenne stillen Truerstäden,
Wo mal uns dröp en grot Verlust,
Wo mal dat Minschenhart hett leden,
De holl'n uns wiß, un ümmer wedder
Tein s' uns up ehre Gräwer nedder.

17.

De Nachtigal, de flüggt von dannen
Un lett Fru Meistern un Jehannen:
„Adjüs, Jehann, ik grüß von di!
Un tröst di Gott, Fru Meisterin,
Un äwer't Jehr ward't beter sin!“
Un flüggt an eine Heck vörbi,
De olle Fitzbuck liggt dor achter,
Un höhnschen achter Hannern lacht 'e:
„„Ja, gah du man so frank un fri,
So stolz un drist din jungen Weg',
Ik ward di doch för dine Släg
Mal setten einen schönen Sticken,
Wi heww'n en Häunken noch tau plücken.““
Un Nachtigal flüggt von em furt:
„För so en Kirl mag ik nich singen.“
Un ward behen'n von Urt tau Urt
De lütten, ihren Flügel swingen,

Un wo en Busch steit an 'ne Ek,
Un wo en heimlich still Verstek,
Dor singt s' ehr Lid so wunnersam;
Doch wo en Por sitt still tausam
Un drückt in Leiw sik tru de Hän'n,
Dor will ehr Singen gor nich en'n;
'T is grad, as künn sei von de Beiden
In alle Ewigkeit nich scheiden. —
Un just as bi den Adebor,
Röppt Jeder: „Nachtigal is dor!
Nu ward de Gartensfreud' irst echt,
De hett dat richt'ge Frühjohr bröcht!"

Sei äwer nimmt ehr Standquartier,
Wo sei verleden Johr is west,
Un bugt sik dor en niges Nest,
Denn uns' lütt Fiken wahnt jo hir.
De irst Bekanntschaft, de sei söcht,
Is Jochen un sin leiw Gemahl,
Wo s' hüppen mit ehr fixen Bein
De Arwten-Bedden up un dal
Un junge Arwten rute tehn.
„So! diese noch und nun noch diese!"
Seggt Jochen un ward förfötsch trecken,
„Das soll uns heut' heil prächtig schmecken!
Ich bün en Freund von frisch Gemüse." —

Dunn kümmt de Nachtigal un grüßt:
„„Gu'n Dag ok, Kinnings! Na, wo geit't?““ —
„Je," seggt uns' Jochen, „as Du sühst;
Wenn man de Kopp noch baben steit." —
Un Lotting süfzt: „„Ach Vaddersching,
Dit Johr güng't uns gefährlich slicht.
Wat Ein ok Sommers vör sik bring',
Des Winters geit't All in de Kratz.
Wi hewwen hungert, hewwen froren,
Un dortau kreg ik noch min Gicht,
Kunn mi nich rögen von den Platz;
Na, Gott sei Dank! is doch uns' Goren
All wedder tämlich gaud beschickt,
Dat Ein sik af un an wat plückt,
Nu kän w' uns doch nahgrads verdoren.
Doch Sorg' un Noth heww'n w' drüm nich minner,
Heww'n wedder all uns' Nest vull Kinner.““ —
„All wedder!?" frögt de Nachtigal. —
„„Wat wull'n wi nich!““ seggt trurig Lott,
„„Un denk Di, Vaddersch, söß dismal!
Wo sall dat warden, leiwer Gott!““ —
„Ach, Lotting, mußt Dich nicht so haben!"
Röppt Spatz. „Vergrößer' nicht die Sache!
Der liebe Gott ernährt die Raben
Und zählt uns Sperlings auf dem Dache.
Zwei Kinder sind 'ne große Last,

Doch wenn man in die Zukunft sieht
Und die Erziehung richtig faßt
Und sie zur Dankbarkeit erzieht,
Dann werden Kinder auch in alten Tagen
Den Ältern ihre Schuld abtragen.
Als Beispiel stell ich Krischan hin;
Weil wir schon längst verhungert wären,
Hielt' Krischan nicht zu meinen Lehren
Und übte sie mit treuem Sinn. —
De Jung', de hett nich Sinesgliken! —
Denn sieh mal, Baddersch Sängerin,
Der Jung' wohnt noch bei uns' klein Fiken
Und hat nach guter Kinder Art
Das Essen sich vom Mund gespart,
Und schob, was er ersparte, mit behendem Witze
Fürsichtig durch die Fensterritze."
„„Ja, Badderschiing,"" fällt Lotting in,
„„Un wi, wi drogen't denn tau Nest.
Uns' Krischan, Baddersch, is de best
Von all uns' velen leiwen Kinner;
De annern, de sünd von uns gahn
Un flogen in de Welt herinner;
Hei hett an uns dat Einig dahn."" —
„Dat is so schön," seggt Nachtigal,
„Nu äwerst, Kinnings, seggt mi mal,
Wo dat mit Fiken stahen deit." —

„„Ih,““ antwurt't Lott, „„ik dank, dat geit.
Sei müßt tauirst sik hellschen placken,
De Bäcker satt ehr up den Nacken,
Un in dat irste halwe Johr
Föll ehr de Arbeit hart un swor,
Doch nu hett s't gaud. De Bäcker geit
Ehr frilich nah up Schritt un Tritt,
Doch wenn hei ehr ok folgen deit
Un ehr ok up den Brennen sitt
Un ümmer is üm ehr herüm,
Geit hei doch fründlich mit ehr üm.
Un Krischan seggt, dat kümmt ok vör,
Dat hei an ehre Kamerdör
Ganz lis' un sachten kloppen deit,
Wenn hei lütt Fiken binnen weit,
Des Abends lat, des Nachts sogor.““ —
„Ji sid doch recht en dämlich Por!“
Röppt Nachtigal. „Du dumme Spatz! —
Ja, klei den Kopp Di man un kratz! —
Büst süs mit allen Hunnen hitzt,
Wo is Din grote Klaukheit sitzt?
Büst jo so'n flotten Kavalir
Un pralst dormit, dat alle Damen
Di in de Arm rin flogen kamen,
Un hir?
Hir markst Du nich, dat uns' lütt Dirn

De slichte Bäcker will verführ'n?" —
„„De Adebor,"" seggt Lott, „„het't ok all seggt,
Un ik säd't ok, Du dumme Klas!
Doch Du sädst ümmer, 't wir man Spaß.
Ach Gott, ik krig meindag nich Recht!""
„Hm, hm," seggt Spatz, „es wäre möglich,
Daß ich vom Irrthum bin besessen;
Der schlechte Kerl, der folgt ihr täglich
Mit dumme Red' und plumpen Schmeicheln:
Erst gestern — bald hätt' ich's vergessen —
Wollt er ihr dreist die Wangen streicheln." —
„„Un sei?"" frëggt Nachtigal dor mang. —
„Sie stieß ihn fort mit Angst und Grauen.
Ihr klares Auge starrte bang',
Als wenn wir Vögel Katzen schauen;
Er schien ihr fürchterlich verhaßt." —
„„Na,"" seggt de Nachtigal, „„dor heww'n wi't nu!
Nu äwerst, Lott, un Jochen, Du,
Nu helt dat hellschen upgepaßt!
Un up't Gewissen binn ik't Jeden.
Ik möt nu mal mit Krischan reden.""
Un flüggt nah'n Bäckerhof un set't
Sik in den Win bi't Finsterbrett,
Wo Sparlings Krischan wahnen deit,
Un singt un lockt ok gor tau sänt:
„„Krischänlag, min Sähning, kumm rippe, kumm flink!

Ik bün jo Din Tanten, Din Päding jo bün I;
Vertell mi von dit un vertell mi von dat,
Krischäning, min Söhning, ik schenk Di ok wat.““
Un Krischan kamm denn ok tau Stell,
Ach Gott, wo let't den ollen Sell!
So plustrig sitt hei up sin Brett,
As wenn hei Dorr un Fewer hett.
„„Herr Gott doch, Jung', wo sühst Du ut?
Wer hett Di denn den Start utreten?““ —
„Uns' oll gris' Katt, de ret em ut,
As s' mi mal Morgens wull upfreten.“ —
„„Min lütte Jung', Du büst woll krank?““ —
„Ja, lewen dau I woll nich mihr lang.“ —
„„Kumm rute in den Sünnenschin,
Denn ward Di bald vel beter sin.““ —
„Ne, Päding, ne, dat kann nich schin.
Denn sitt lütt Fiken ganz allein.
Sei hett an mi noch ümmer dacht,
Min Brod un Water nich vergeten,
Sei lockt mi fründlich, strakt mi sacht;
Ik holl tau vel von't lütte Mäten.“
„„Je, Krischan, wenn dat ok so is,
Paß up! Di kriggt de Katt gewiß.““
„Un wenn mi denn ok kriggt de Katt,
Sei hett mi so all einmal hatt,
Un frett sei mi,

Denn is't vörbi.
Ik bün min armes Lewen satt.
Doch so fix geit't nich mit dat Fangen,
Un vör de Katt deit mi nich bangen,
Kriggt mi nich wedder in ehr Klaben;
Hir is en Muslock achter'n Aben,
Dor flitsch ik rinne, wenn wen kümmt,
Krup unner dor un täuw so lang',
As't Uhr en frömden Tritt vernimmt:
För't Freten is mi grad nich bang'." —
„„Du leiwer Gott!““ seggt Nachtigal,
„„Un lewst in ew'ge Angst un Qual,
Möst stun'nlang in'n Düstern luren.
Wat möt Di dor de Tid lang duren!““ —
„Ih dat segg nich! Dat drag ik woll:
De ganze Bähn is hell un voll,
Ik kann dor hübsch herümspaziren
Un mi dor nüdlich amüsiren.
Dat is dor ganz pläsirlich unnen,
Ik hew dor allerlei all funnen,
En brunen Rock, 'ne bunte West,
So hübsch, as Du s' nich selen hest,
Un in de Rocktasch krup ik rin,
Wenn mi ward kolt un frostig sin.
Ach, dat is mal en warmes Nest!
Un in de Westentasch, dor fünn

Ik letzt en wunderschönes Ding:
'T is en halwen goldnen Ring,
Un't is so blink, un't is so blank,
Dor spel ik mit, ward Tid mi lang." —
„„Wat's dit?"" röppt Nachtigal, „„wat's dit?
Wenn dor man nich wat achter sitt!
Nu hür, Krischäning, leiw lütt Jung',
Un wohr Din Red' un häud Din Tung',
Vertell dat Stück nich All un Jeden;
Ik möt irst mit den Kiwitt reden;
De Aderbor ok möt dat weiten.
Un nu, leiw Päding, nu adjüs!
Un häud un wohr Din Heimlichkeiten,
Un grüß lütt Fiken ok von mi,
Ik würd ehr hüt en Lid vörsingen
Un ehr vel Grüß von Hannern bringen."" — —

So kümmt heran de Junimand.
Spatz an sin Leiting, gaud vermahnt
Von Nachtigal, de passen alle Tid
Den ollen Bäcker up den Deinst —
Eins Morgens seggt uns' Spatz: „Wat meinst?
Ik möt woll mit ehr rute hät,
Sei sall derhinnen ganz allein
Bi'n letzten Kamp dat Fauder heu'n." —
„„Jo,"" seggt uns' Lott, „„dat dau man, Jochen,

Un lat sei jo nich ut de Ogen.""
Un as lütt Fiken mit ehr Hark
Un'n Etendauk geit äwer'n Mark,
Dunn hüppt uns' Jochen langs de Däker
Un schlumpt herumme up den Bäcker
Un makt en Larm un schüll un schüll:
So'n Dummerjahn, so'n Lüderjahn,
So'n Delgap, de müßt früh upstahn,
De em 'ne Näs' andreien süll!
Un as lütt Fiken äwer't Feld
Un dörch dat gräune Korn hentüht,
Dunn hüppt uns' Jochen an ehr Sid
Un schellt un schellt
Up alle Welt,
Un schimpt up Juden un up Christen:
Ob sei nich wüßten,
Dat, wer sik blot mal unnerstünn
Un rögt sei mit en Finger an,
Up wat gefaßt sik maken künn,
Denn dat ded ehr lütt Fiken sin.

So kamen s' nah de Heuwisch ran,
Un Fiken, de ward flitig heu'n
Un ward de Swaden lihr'n un wen'n
Von ein En'n bet taum annern En'n,
Un smitt de lütten Höp vonein

Un ward s' hübsch utenanner strea'n.
So drad de Wisch is drög von Dau
Un Jochen, de kickt stillg tau
Un set't sik baben in 'ne Wir,
Dat hei den Weg entlanke süht,
Un ward bîher nah Wörm un Rupen
Bald linksch, bald rechtsch herümmer glupen
Un snappt verluren üm sik rümmer
Bald nah 'ne Fleig, bald nah en Brummer.
Sin Jagd is äwerst man sihr zeitlich,
Un makt hei mal en lütten Fals,
Denn smeckt hei em nich mal wat lecker.
Dit stimmt em denn nu sihr verdreitlich,
De ganze Jagd hett keinen Grats,
Denn sin Gedank is bi den Bäcker. —
Nu kümmt de Kirl! Dor kümmt hei, dor!
Un knapp ward Jochen em gewohr,
Dunn rögt sik in em Grull un Grimm,
Hei künn 'ne Murddaht glik begahn,
Hei künn sik mit den Düwel slahn.
Un grad in desen Ogenblick, dunn brummt 'ne Imm,
So'n recht oll fell', em üm de Uhren rüm;
Swabb! snappt hei tau:
„Wat hest tau brummen, Racker, Du?
Süh, Krötending, ik hew Di nu." —
Dat oll lütt Worm, dat krümmt sik sihr

Un bidd't un beit un geit tau Kihr:
„„Ach, Jochen, Jöching, lat mi lewen!
Ach, Jöching, dau Pardun mi gewen!
Ach, Jochen, Jöching, lat mi gahn!
Ik heww Di nicks tau Leden dahn."" —
„Derwen, Karnalli, swig mi still!
Brummst Du des Nahmiddags nich ümmer,
Wenn ik en beten slapen will,
Mi üm de Näs' un Uhren rümmer?" —
„„Ach, Jochen, Jöching, hew Erbarmen!
Süh, ik un ok uns' ganze Swarm,
Wi will'n Di in den Slap nich stüren."" —
„Dat," seggt uns' Jochen, „lett sik hüren,
Un ik künn mi binah bedenken
Un künn Di schir dat Lewen schenken,
Wenn Du hüt deihst, wat ik Di heit."
Un flustert ehr mit lise Stimm
In't Uhr den heimlichen Bescheid.
„„Ja woll, dat will ik!"" seggt de Imm.
De Bäcker is nu ranne gahn,
Un as em Fiken kamen süht,
Mag hei de Ogen nich upslahn.
De Bäcker is recht fründlich hüt,
Irst lawt hei Fiken ehren Flit,
Un wat s' för Arbeit för sik bröcht,
So kreg hei bald sin Heu taurecht;

Sei wir 'ne lütte fixe Dirn,
'Ne lütte flitige Perßohn,
Un wenn s' noch bet tausamen wir'n,
Denn gew hei ehr ok högern Lohn.
Drup fängt hei an tau spaßen an
Un brukt so'n slichte, häßlich Würd,
Dat Jochen sik nich hollen kann;
Hei schellt herunne tau de Jrd:
„Du Dammerjahn, du Ludderjahn!
Glik lettst Du uns' lütt Fiken gahn!"
Un uns' lütt Fiken güng dat swer,
As leg sei in en hitzig Fewer;
Vör hellen Schimp ehr Backen glühn,
Sei weit nich, wo sei hen sall sein.
Un drister ward de Kirl, un dranger
Makt hei sik an dat Kind heranner.
Wo is de Smädjung'? Wo is Hanner? —
Un banger ward dat Kind un banger;
Verstelt sei ok dorvon kein Wurd,
So fäuhlt sei doch, dat unner so'n Spaß,
As unner Blaumen, unner Gras,
De Sün'n, as gift'ge Adder, lurt.
Sei will sik flüchten von em furt,
Dunn grippt hei tau un höllt sei wiß
Un will sei küssen up den Mund.
Dunn röppt de Spatz: „Entfahmte Hund!

Weißt nich, dat uns' lütt Dirn dat is?
So, Imm, nu is dat Tid, nu kumm!"
Un de lütt Imm flüggt — brum, brum, brum —
Grad up den Bäcker sine Näs'
Un giwwt em dor en Meisterstich.
De olle Spitzbauw flüggt taurügg;
De Kuß, de hett em nich gefollen
Un Spatz kann sik nich länger hollen
Un lacht un röppt: „Du alter Schurke!
Sag mal, wie schmeckt Dir diese Gurke?"

18.

De Harwst, de Treckeltid, is dor.
De Nachtigal, de hett den Aderbor
Von Krischan sinen Fund vertellt.
De Aderbor, de äwerall
För einen Philosophen gellt,
Hett desen ganz besondern Fall
Mit all sin Handwarkstüg dörchsunnen
Un doch den Grund nich rute funnen;
Bet em un ok de Nachtigal
Insöllt, den Kiwitt tau befragen:
Wat woll de Kiwitt dorvon weit.
Sei fleigen also in de negsten Dagen
Nah de Galliner Wisch hendal,
Wo noch de Kiwitt wahnen deit,
Dicht an den Holt, as dörrigmal.
„Gu'n Morgen, Vadder," seggt de Aderbor,
„Wi sünd wat in Verlegenheit.
Du wahnst hir doch all männig Johr

Un weitst mit Allens hir Bescheid,
Nu segg uns mal ..." — un hei vertellt de Saken.
De lütt Krischäning tau em spraken. —
Den Kiwitt schuddert't dörch de Knaken,
As hei dran dacht, wat hir geschein;
Mit einen Schri flüggt hei tau Höcht:
„Ik heww dat sein, ik heww dat sein,
Ik was dorbi, ik seg't, ik seg't,
Wo s' em dor in de Eck dodslogen,
Em nahsten Rock un West uttogen,
Un dunn em unn're Wrausen leggt.
Hir bi de Wid, hir bi de Wid, hir bi de Wid is't west.
Brun was de Rock un bunt sin West;
De Bäcker hett s' tausamen bun'n;
Sin Tüg, sin Tüg hett Krischan fun'n."
„„Ja,"" röppt de Nachtigal, „„dat is't!
Dat't grad uns' Päding finnen müßt!""
„Still!" seggt de Aderbor, „still! Kinnings, still!"
Un stellt sik up den einen Bein,
Denn wenn hei recht wat grüwweln will,
Kann't up des' Ort allein geschein.
„Un lat't mi 'n beten nu allein!"
So steit hei lang' up sinen Bein,
Doch endlich, as taum Sluß hei kamen,
Dunn hett hei sinen Afstritt namen
Un geit, vullständig mit sik klor,

An'n Dik. — De Poggenkanter satt
Mal wedder up sin Mümmelbladd.
„Gu'n Morgen," seggt de Adebor,
„Kumm't doch en beten neger ranne!"
„„Ik ward mi häuden,"" seggt de Kanter,
„„Süh, wat Du mi tau seggen hest,
Dorvon kann mi kein Wurd gefallen."" —
„Ik bün Di gaud jo ümmer west,
Ik bün Din beste Fründ von allen." —
„„Je,"" seggt de Kanter, „„in de Bibel steit,
Kein sall sin besten Frün'n verführen.
Red Du man drist, ik kann Di hüren."" —
„Wo klauk de Racker wesen deit!
Un wat hei fett is äwer Johr!"
Seggt still för sik de Adebor
Un set't dunn lud henlau: „För minentwegen
Sitt Du dor up Din Flag man wiß;
Ik wull man fragen, ob Ji hir nich segen,
Wo woll de Mußbuck blewen is." —
„„Ih, de wahnt baben in de Koppel
Un aust't dor mang de Klewerstoppel."" —
„Na, denn is't gaud, min lein, oll Sähn,
Un wider wull ik nicks von Di.
För dit Johr segg 'k Di nu: adjü!
Un holl Di ok recht fett un schön!
Dat negste Johr krig ik Di doch,

Wat möst Du för en Happen sin!“ —
„„Du olle Swinhund!““ röppt de Pogg
Un plumpt von't Bladd in't Water rin. — —
Un Aderbor geit an den Barg henup
Un söcht sik vor den Mus'buck up;
Un wohrt nich lang', dann grippt hei'n sik:
„Süh nu, Karnallg', hemw ik Di nu?
Du stelst hir rüm, Du Slüngel, Du?
Un fretst in frömdes Gaud Di dick?
Un driwwst hir unmoralisch Wesen?
Täuw, ik ward Di Moral mal lesen! —
Holl't Mul! Un dedst Di blot noch mucken,
Denn ward 'k tau Straf Di dwerslucken.“ —
Un Mus'buck bedt un bedd't so knäglich:
„„Ja, Herr, ik bün en groten Sünner;
Doch sein S', tau Hus min Fru un Kinner,
Dat sitt un rohrt un quält mi däglich,
Mi ward wohrhaftig angst un bang'n,
Worüm sall ik denn tau nich lang'n,
Wenn't just vör mine Husdör liggt?
Ik weit recht gaud, ik dau nich recht,
Un Sei sünd Herr un ik bün Knecht;
Gahn S' gnedig mit mi in't Gericht!““ —
„Na, ditmal will 'k mal gnedig sin,
Wil 'k just in gnedig Stimmung bün,
Doch möst Du daun, wat ik Di segg:

Du treckst hir ut de Koppel weg
Un treckst mit Fru un all Din Kinner
In't Bäckerhus an'n Mark herinner,
Wo Fiken un wo Krischan wahnen,
Un mellst Di dor bi lütt Krischanen
Un büst in Allen em tau Will,
Wat hei tau dauhn Di heiten süll.
Süh, achter'n Aben is 'ne Eck,
Un in de Eck, dor is en Lock,
Un in dat Lock, dor is en Rock,
Dorinne bugst Du Dine Heck,
Un wat denn wider sall geschein,
Dat ward wi negsten Sommer sein.
Un folg' mi ganz genau in Allen
Un lat't Di nich meindag infallen,
Krischanen ut dat Lock tau driwen,
Hei sall dor bi Di wahnen bliwen.
Un kümmt't Di, Racker, mal in'n Sinn,
Dat Du lütt Fiken mi verfirst,
Un krüppst mal in ehr Bedd herin
Un up Din Ort dor rüm hantirst,
Denn ward ik lewig, sallst mal sehn,
Dat Fell Di äwer'e Uhren tein.
Un nu holl Tuck, Du Rackerwohr!"
Un nimmt sik up un flüggt tau Höcht,
Un Mus'buck folgt sin Hän'n un seggt:

„Wer kann gegen Gott un den Aderbor?
Dit Flag, dat kunn mi woll gefallen,
Hir hadd 'k den Winter wahnen künnt,
Nu möt 'k den Bündel wedder snallen
Un wandern furt mit Fru un Kind.
Denn helpt dat nich! En Bäckerhus
Is noch dat legst nich för 'ne Mus.“
Hei pipt sin Volk tausamen all
Un seggt ehr, wat gescheien sall,
Un as s' den Fautstig lanker gahn,
Dunn sein sei dor lütt Fiken stahn,
De Thranen in dat helle Og',
So kickt sei nah den Heben rup,
Wo fri de Aderbor hentog —
An desen Dag hadd Fiken jüst
Mal nah Gallin herute müst,
Sei wull mal mit ehr Öllern spreken.
'T was Sünndag, un ehr Vader was
En Beten äwer Feld mal gahn,
Wull mit den Herren sik mal bereken,
Bi den'n hei hadd in Arbeit stahn;
Doch Muttern kamm sei gaud tau Paß.
Dor würd denn irst en Radslag hollen
Von dit un dat, von hin'n un vören,
Von Kauh un Swin, von Gaus un Gören,
Doch Fiken künn't nich länger hollen,

Sei müßt un müßt dat endlich wagen,
Ehr Mutting ehre Noth tau klagen.
Doch dormit kamm sei nüdlich an.
Ehr Mutter säd: sei wull nicks weten,
Dat wiren blote Dämlichkeiten,
Dat wiren Kinnerien man.
Sei wir en oll verlagen Gör,
So wat kem alle Näs' lang vör;
Sei brukt jo nich up em tau hüren,
Wenn sine Würd' nich sauber wiren;
Un wat dat Küssen anbedrap,
Denn süll sei man de Fingern bruken,
Wenn ehr de Gall mal äwerlep.
„Min Döchting, ne, wi möt uns bucken,
Wi möt uns bücken dörch de Welt.
Uthollen möst in Dinen Deinst!
Un wenn hei Di ok nich gefällt,
Uthollen möst Du doch! Wat meinst,
Wat würd'n de Lüd doräwer reden,
Wenn Du kemst ut den Deinst herut?
Du kümmst nich an bi All un Jeden.
Ne! Kik mal, Dirn, dor 's Hanner Snut —
De Olsch, de was noch gistern hir
Un säd, wo hei in Arbeit wir;
Dor wull'n s' em gor nich laten lein —
Nu is hei baten an den Rhein —

Un wenn hei güng, wir't man von dessentwegen,
Dat hei up Fläg' mihr lihren künn.
Un, Dirn, so möst Di ok bedragen —
Na, kumm un lat dat Weinen sin! —
Uthollen möst! Dat segg ik Di."
Dat was de Trost, den sei ehr gaw,
Un uns' lütt Fiken seggt adjü
Un geit mit sworen Harten af.
So kümmt sei nah de olle Wid,
Wo Hanner lag. Dor steit s' un süht
So trurig tau den Heben rup,
Dunn nimmt de Adebor sik up
Un flüggt tau Höcht un flüggt so licht
Un swewt so fri dat Feld entlanken,
Un an sin lichte, rasche Flücht,
Dor hängen sik ehr swor Gedanken:

Du kannst din Flüchten recken
Fri äwer See un Land,
Ach, wer mit di künn trecken
Wid furt von Schimp un Schand!

Hir unnen drücken Leiden
Up't arme Hart so swor;
Künn 'k doch min Flüchten breiden
As du, leiw Adebor!

Wer sin unschüllig Leiwen
Still wohrt in't deipe Hart,
De möt gedüllig luren,
Bet't mal eins beter ward.

Ach, wer mit di künn wannern,
Wer mit di trecken künn!
Grüß dusendmal min Hannern!
Sall an den Rhein jo sin.

Ach, wer mit di künn wannern,
Ach, wer mit di künn tein,
Von einen Urt taum annern,
Bet an den gräunen Rhein!

19.

Bi Köln an'n Rhein,
Dor steit en Stein,
Dor sitt des Dags en Judenwiw,
Vull Schrumpeln is ehr oll Gesicht,
Vöräwer bögt ehr krummes Liw;
En düster Og', dat flammt un lücht
Herute ut de witten Branen.
Nah Morgen kickt sei unverwen'nt,
Bet ehr de hellen heiten Thranen
Dal fallen up de lahmen Händ'.
Dorhen müßt hei mal von ehr teln,
Ehr einzigst Kind, ehr einzigst Sähn!
Wat was ehr Isaak doch schön
För Mutterogen antauseihn!
Hir up dit Flag, bi desen Stein,
Hett hei mal von ehr scheiden müßt,
Hir hett s' taum letzten Mal em küßt,
Hir brök s' den gollen Ring vonanner;

Ehr Hälft hängt noch an ehren Band
Up Mutterharten. Ach, de anner,
De liggt nu längst in Mürderhand!
Hir sitt sei nu all Johr un Dag
Un klagt ehr ewig Wei un Ach,
Bi Sommerglaut un Wintersnei
Klagt s' ümmer blot dat eine Wei.
Un slickt sei Abends still taurügg,
Denn seggt sei blot: Hei kamm noch nich!
Un leggt s' sik in ehr Kamer nedder,
Denn seggt sei: Morgen gah ik wedder.
Hir wahnt sei so wid ganz allein,
Blot dat en ollen rupp'gen Sprehn
In ehre Stuw herümme hüppt
Un achter Kisten un Kasten krüppt. —
Dat is uns' Mazen sin oll Vader —
De dumme Kirl let mal sik faten,
Nu heww'n sei em in sinen Kaver
Den Kekelreimen sniden laten;
Nu plappert hei denn furt un furt
De sülw'gen Würd,
De hei heit hürt;
Bald schriggt hei up: „De wille Murd!"
Bald flustert hei so krank un swack:
„Min Isaak! Min Isaak!"
Un krüs't sik up un schriggt denn wedder:

„Fluch! Dreimal Fluch den willen Mürder!“
Un dat is ehr Gesellschaft all,
Un wat de Vagel raupen deit,
Dat is de ew'ge Wedderschall,
Wat ehr dörch Kopp un Harten geit. — —
Un neben ehre einsam Kamer,
Dor swenkt Jehann den groten Hamer
Mit starken Arm ut frie Bost.
De schont sik nich, wenn't Arbeit kost't.
Dat Smödkunst is licht för unsern Hannern,
Un kümmt en Stück, wat Keiner kann,
Denn röppt de Meister: „Furt, ji Annern!
Lat't mal den Meckelnburger 'ran!“
Un nich blot in de Smäd allein,
Ok up de Harbarg geit hei wat,
Dor wull kein Strid un Zank gedein,
Wo Hanner in Gesellschaft satt,
Un Kein, as hei, kunn sik so freu'n.
Blot wenn de olle Smädgesell
Ok in de Harbarg was tau Stell,
Denn wull kein Freuen em gelingen,
Denn was't vörbi mit Lust un Singen. —

Mal hadd de wedder em verdrewen,
Hei geit herut un steit noch eben
En beten vör de Harbargsdör,

Dunn wankt 'ne olle Judenfru dorher.
So kümmerlich, so swack von Gang,
Slickt s' an de Hüserreih entlang.
Un as sei an de Harbarg kümmt,
Dunn is't, as wenn s' nich wider kann,
As wenn't den Athen ehr benimmt,
Sei fat't an einen Post sik an.
Dunn ritt de Smädgesell dat Finster apen
Un kickt herut verwillert un versapen,
Un röppt ehr tau: „Hepp, hepp, hepp, hepp!"
De olle Fru, de hürt de Stimm,
Sei kickt tau Höcht, sei kickt sik üm
Un kickt den Kirl in't frech Gesicht.
Dat hett s' all sein,
Dat is dat ein,
Wat Nachtens sei tau seihen kriggt,
Wenn s' up ehr einsam Lager liggt;
Dat is dat ein, wat ehr bi Dag'
Verfolgt mit gruglich Plack un Plag';
Dat is de Satan, den s' in frömden Land
Fautfällig mal eins beden hett;
De Satan is't, von den sin Hand
Ehr Kind den Dod mal leden hett.
As en Gespenst ut Mürder Gruft
Richt't sei sik bleik odr em in En'n,
Sei reckt tau Höcht de magern Hän'n

Un schürr't sel bäwernd dörch de Luft,
Un wat de Sprak von Jluchen weit,
Un wat de Haß von Gift un Gall,

Un wat't an Elend geben deit,
Dat flucht sel all
Herinne in sin frech Gesicht.
Un as verklungen is de Stimm,

As sei taufammen sackt, dunn flüggt
Noch Fluchen üm ehr Lippen rüm.
Doch ihr s' tau Irden fallen is,
Springt Hanner tau un höllt sei wiß
Un fängt sei up in sinen Armen,
Dat Hart vull Grugel un Erbarmen.
De Fürburß äwer lacht un seggt:
„Hest Di en smucken Schatz utsöcht;
Un nimm in Acht un häud' ek gaud,
Wat Di so warm an'n Harten tauht!"
Un dormit sleit hei 't Finster ran.
„„Ja, Du Hallunk, dat sall geschehn,
Ik will sei häuden"" röppt Jehann.
„„Dit is en Elend, wat den Stein
Hir up de Strat erbarmen kann!""
Un bringt s' tau sik un richt s' tau Höh
Un täuwt, bet s' Athen wedder kreg,
Un redt ehr tau mit fründlich Red
Un stüt't sei hen nah sine Smäd
Un bringt s' in't Nahwershus herin —
Dor hett hei s' vördem ut un in
All oftmals gahn un kamen sein —
Un em entgegen hüppt de Sprein:
„Min Isaak! Min Isaak!"
Un as hei sei so krank un swack
Leggt up ehr einsam Lager nedder,

Dunn krischt hei wedder:
„Fluch! Dreimal Fluch den willen Mürder!“
Un swor un ängstlich stöhnt dat Wiw,
En Schudder flüggt dörch ehren Liw;
De Vagel klagt, de Vagel schriggt,
Un düstrer ward dat Dageslicht,
Un swore, swarte Schatten recken
Sik hog un höger ut de Ecken.
Jehannen is't, as wenn dat oll Gerümpel,
Wat an de Wän'n herümme steit,
Em neger rückt up einen Hümpel,
As wenn't em nicken un winken deit.
As wenn von Kisten un von Kasten
De Deckel un de Haugen basten,
Un vor ut oll Geschirr un Tüg
Gespenster heimlich rute kiken
Un lising dörch de Kamer sliken,
Un all de Klagen, all de Flüch',
Un wat sei von de Unbaht wüßten,
Noch einmal klagen un fluchen müßten. —
Jehann höllt ut un hegt un plegt
Mit true Sorg' dat arme Wiw,
Un fröggt ehr fründlich, wenn s' sik rögt:
Wo't mit ehr steit, un wo't ehr geit?
Un ob't nich beter wesen deit?
Dunn böhrt s' sik up mit halwen Liw

Un leggt em up den Kopp de Hand
Un murmelt vör sik allerhand
In frömde Sprak, de hei nich kennt,
Un as sei dormit is tau End,
Dann röppt sei düdlich, lud un fri:
„Ja, Og üm Og un Tähn üm Tähn!
Drüm segen Gott Di, leiwe Söhn!
Gott Abrahams, de stah Di bi,
As Du mi bistünnst in min Noth.
Gerecht is uns' Herr Zebaoth!" —
Un heit em gahn. Jehann de geiht.
Em is, as wenn em swindeln deiht;
Hett desen Dag taum irsten Mal
Deip runnersein up Minschen-Qual,
Heit in de Höll herunner sein,
In de ein Minsch den annern stött;
Un düst're swore Schatten lein
Em üm dat junge, klore Og';
Em is, as wenn hei Deil dran hett,
As wenn't em rep un rummer tog. — —
Un stiller würd hei sörredem,
Un wenn de Fierabend kam,
Denn güng hei nah de Ollsch herüm
Un sach sik nah ehr Wesen üm;
Hei redt mit ehr von ehren Gram,
Hei halt ehr Water, haut ehr Holt,

Un wo ehr Hän'n tou swack un olt,
Dor hülp hei ehr in ehren Kram.
Hei satt so männig Stun'n bi ehr,
Un wüßt doch nich, worüm hei't ded;
Dat Mitled was dat nich allein —
De olle Fru verlangt ok kein —
Ok was't nich blote Niglichkeit —
Sei wüßt nich mihr, as wat hei weit —
Un doch tröck em dat tou ehr hen,
Dat Stun'n lang hei mit heimlich Schu
Bi ehr müßt sin. Dat was, as wenn
Em't andahn hadd de olle Fru.
Un wenn hei nich künn bi ehr sin,
Denn stünn hei oft un sünn un sänn,
Ob von dit gruglich heimlich Wesen
Hei nich mal würd den Knuppen lösen.

So was vergahn dat tweite Johr;
Vörüwer treckt was Aderbor,
Vörüwer treckt was Nachtigal
Un Droußel un de Annern all;
Kein hett em grüßt, kein mit em redt.
Kein lustig Vagellid kann klingen,
Wenn Ein in vullen Füer smädt,
Un wenn Ein swenkt den groten Hamer;
Kein lustig Vagellid kann dringen

Herin in düst're Judenkamer.
Blot Aderbor, de hett em sein,
As hei flog äwer'n gräunen Rhein,
De schürd't den Kopp för sik un seggt:
„Du dumme Jung', wat willst di grämen?
Wat wi in unsre Hän'n mal nemen,
Dat krig' wi ok alleine t'recht."
Sin Nebengesellen ok, de schürden
Den Kopp, wenn s' em verännert sein.
Hei lewt för sik, as wir hei midden
In ehr Gesellschaft ganz allein.
Sin Arbeit ded hei as vörher,
Doch was't ok man de Arbeit just;
Kein Spaßen mihr flog hen un her,
Wörbi was't mit de olle Lust.
Sin Mitgesellen laten Hannern
Tauirst in Fred, doch wohrt't nich lang',
Dunn is de Fopperi in Gang',
Sei flustern heimlich Ein tau'm Annern
Un warden endlich lud mit Witzen
Up Hannern un sin Nahwersch spitzen,
Wat hei de Dllsch woll frigen süll
Un wat hei s' blot bearben will.
De olle Smädgesell ward hitzen,
Wenn Hanner grad nich is taugegen.
Un up de Harbarg, in de Smäd,

Un wo hei sin mag, allentwegen
Giwwt't för em Strid un spitze Red.
Sin Meister röppt em tau sik ran:
„Segg, Mecklenburger, wat dat heit?
Du wast süs so vull Fröhlichkeit,
So lustig, as Ein wesen kann,
En Jeder lewt mit Di in Freden,
Un ganz verännert büst Du nu:
Nu hest Du Strid un Stank mit Jeden.
Wat hest Du mit de Judenfru?"
„„Nicks heww ik, Meister,"" seggt Jehann,
„„Un wat ik heww, geit Keinen an. —
Sei äwer heww'n mi Gaudes dahn,
So lang' ik hir in Arbeit stahn,
So will ik apen mit Sei reden:
De olle Fru hett Gruglichs leden,
De arme Fru, de jammert mi."" —
„Arm is sei nich, dat weit de Welt,
Ehr Kisten, Kasten sünd vull Geld;
Un kein Gesellschaft is't för Di.
Süh, des' Gesellschaft deit Di Schaden,
Nimm Di in Acht un lat Di raden,
Gah nich mihr nah de Olsch herüm,
De Lüd, de reden Slichts von ehr;
Gah nah de Harbarg as vörher,
Wes lustig mit Din Kameraden,

Denn ward sik Allens wedder reihen;
Jitzt büst Du Uhl so mang de Kreihen."
Jehann geit von em in Gedanken
Un äwerdenkt sin Meisters Red,
Un as hei rin will in de Smäd,
Dunn geit de Smädgesell den Hof entlanken
Un slickt sik rute ut de Dör.
Dat kamm up't Letzt sihr öfters vör,
Dat hei Weckelnen dor besöcht,
Jehann, de acht't denn nich dorup
Un denkt nich an den Smädgesellen,
Doch as hei sinen Hamer söcht
Un will sik an sin Arbeit stellen,
Dunn is sin Hamer nich tau finnen —
Den hett hei ümmer hatt, hei hett em binnen
En Krüz inbrennt up sinen Stel.
Verdreitlich rett hei't Schortfell af un seggt:
„Wat arger ik mi hir noch vel?
Hirhen heww ik em gistern leggt,
Nu is hei weg. Wotau mi quälen,
Will jeder Narr en Schawernack mi spälen?"
Sin Mitgesellen warden lachen,
Un as hei geit taum Dings herut,
Röppt em de Sachs: „„Du, Johann Schnut!
Du willst wohl heute blau mal machen?
Na warte nur, wer kommen auch,

Un zeigen Dir, was Handwerksbrauch."" —
„Dat will'n wi sein," seggt uns' Jehann
Un kickt em äwr'e Schuller an.
Hei geit herut, dunn föllt em 'in,
Woans de Kirl dat meinen künn.
Ach so! 'T is jo hüt Mandag grad,
Un up de Harbarg ward 'ne Uplag' hollen,
Un up den Disch stelt de Gesellenlad.
„Schön," seggt hei, „dat mi dit infollen!
Wo? Meint de Kirl, dat ik mi früch't?
Meindag' noch bün 'k vör kein Gericht
Von uns're Bräuderschaft in Straf verfollen;
Ik will mal sein, wat't hüt geschüht.
Ja, ik gah up de Harbarg hüt." — —

As't Tid is, geit shei hen. — Dor sitten
Twei Meister, vir Gesellen un de Olgesell
An eine eigne Tafel midden
Up ehren grooten Harbargssaal.
Un as de Bräuderschaft tau Stell,
Dunn kloppt de Olgesell dreimal
Mit sinen Hamer up den Disch un seggt:

„Mit Gunst, ihr Gesellen, seid still! Es sind heute vier Wochen, daß wir zuletzt Auflage gehalten haben. Mag es länger oder kürzer sein, so ist hier Handwerksgebrauch, daß wir nach vier Wochen auf der Herberge zusammen kommen, um Auflage und Umfrage zu halten. Der Knappmeister wird die Lade auftragen nach Handwerksgebrauch und Gewohnheit."

De ward de Lad denn up den Disch henstellen
Un redt tau' Meister un Gesellen:

„„Mit Gunst, daß ich mag von meinem Sitze abschreiten, fortschreiten, über des Herrn Vaters und der Frau Mutter Stube gehn, und vor günstiger Meister und Gesellen Tisch treten.““

Drup seggt de Oltgesell: „Das sei Dir wohl vergönnt!“
De Junggesell, de sett de Lad nu los un seggt:

„„Mit Gunst, daß ich mag die Gesellenlade auf günstiger Meister und Gesellen Tisch setzen. Mit Gunst hab' ich angefaßt, mit Gunst laß' ich ab.““ —

„Du hast Deinen Abtritt,“
Seggt nu de Oltgesell un slüt
Den Deckel up, halt rute de Papiren,
De tau de Uplag' nödig wiren,
Un ward mit Krid twei Kreisen schriwen.
Den bütelsten, den lett hei apen bliwen,
Un wo hei up is, spannt hei mit den Dum
Un mit den Middelfinger äwer'n Rum,
Taum Teiken, dat sin Hand sall gellen
As Vörhand äwr'e annern all,
Un dat em Jeder folgen sall,
Un redt nu so tau de Gesellen:

„Mit Gunst, so habe ich den Gesellenkreis gezeichnet, er sei groß oder klein, ich überspanne ihn und schreibe die Gesellen hinein, die hier in Arbeit stehen. Schreib' ich zu viel oder zu wenig, so kommt wohl ein reicher Kaufmann und bezahlt Strafe und Buße für mich.“

Un kloppt nu dreimal up den Disch:

„Mit Gunst, so habe ich Macht und Kraft und ziehe den Gesellenkreis zu."

Un dormit schriwwt hei up den Disch an tüht
Den Kreis tausamen mit de Krid:

„Mit Gunst, ihr Gesellen, seid still. Ich habe euch eingezeichnet; ist Einer oder der Andere vergessen worden, der melde sich. Macht euch bereit zum Auflegen!"

Un de Gesellen treden achter'n anner
Mit ehre Bistü'r an den Disch heranner
Un leggen up den Disch ehr Geld.
Un as sik Keiner wider mellt,
Dunn kam'n de Frömden an de Reih.
De Oltgesell, de seggt tau ehr:
Es sei nicht blos günst'ger Meister und Gesellen Begehr,
Nein, alter Handwerksbrauch es sei,
Daß, wenn ein Schmied in dieser Stadt
Bei vierzehn Tag' gearbeit't hat,
Dann müßt' er sich einschreiben lassen:
„Ist das Dein Wille, so gelobe an,
Und thu' hier diesen Hammer fassen!"
De Frömd, de fött den Hamer an.

Oltgesell: Grüß Dich Gott, mein Schmied!

Frömde: Dank Dir Gott, mein Schmied!

Oltgesell: Mein Schmied, wo streichst Du her,
Daß Deine Schuhe so staubig,
Dein Haar so kraosig,
Daß Dein Bart gleich einem Schlachtschwert
Auf beiden Seiten heraussiört?
Hast einen feinen meisterlichen Bart
Und eine feine meisterliche Art.
Mein Schmied, bist Du schon Meister gewesen,
Oder gedenkst Du's noch zu werden?

Frömde: Mein Schmied, ich streich' über's Land,
Wie der Krebs über'n Sand,
Wie der Fisch über's Meer,
Daß ich mich ehrlich ernähr'.
Bin noch nicht Meister gewesen,
Gedenk' es aber noch zu werden,
Ist's nicht hier, ist's anderswo.
Eine Meile vom Ringe,
Wo die Hunde über die Zäune springe,
Da ist gut Meister sein.

Oltgesell: Mein Schmied, wie ist der Name Dein,
Wenn Du zur Herberg' trittst hinein,
Wenn die Gesellenlade geöffnet ist,
Und Du Meister und Gesellen jung und alt darum sitzen siehst?

Frömde: Silbernagel, das edle Blut,
Dem Essen und Trinken wohl thut.

Essen und Trinken hat mich ernährt,
Worüber ich manchen Pfennig verzehrt.
Ich habe verzehrt meines Vaters Gut
Bis auf einen alten Hut,
Der liegt unter des Herrn Vaters Dache,
Wenn ich dran denke, muß ich lache.
Sei er gut oder böse,
Fern sei, daß ich ihn löse.
Willst Du ihn lösen, sollst Du drei Heller Beisteuer haben.

Oltgesell: Mein Schmied, ich danke für Deinen alten Hut;
Aber Silbernagel ist ein Name gut,
Den woll'n wir in Ehren hier behalten.
Mein Schmied, wo hast Du ihn errungen?
Hast Du ihn ersungen oder ersprungen?

Frömde: Mein Schmied, ich konnte wohl singen,
Ich konnte wohl springen,
Es wollte mir aber nicht gelingen.
Ich mußte rennen und laufen,
Um für's Wochenlohn ihn zu erlaufen.
Das Wochenlohn wollte aber auch nicht recken,
Ich mußt das Trinkgeld noch dran strecken.

Oltgesell: In welchem Lande, in welcher Stadt
Ist Dir widerfahren diese Wohlthat?

Frömde: Zu Braunberg, wo man mehr Gerste zu Bier mälzt,
Als man hier Gold und Silber schmelzt.

Oltgesell: Mein Schmiet, kannst Du mir nicht drei Glaubwürdige nennen,
Damit ich Deinen Namen kann recht erkennen?
Frömde: Ich will sie Dir nennen, wenn Du sie Dir willst merken:
Peter triff's Eisen,
Fix vor den Stock,
Rasch mit dem Balg.
Hast nicht genug an den Dreien Du,
Bin ich, Conrad Silbernagel, der Vierte dazu.

De Oltgesell, de frôggt noch 'dit un dat.
De frömd Gesell het up sin Fragen
De Red un Antwurt glik parat,
Un as hei sine Bistü'r gewen,
Dunn ward hei in dat Bauk indragen
Un in de Bräuderschaft inschrewen. —
Nu kümmt de Ümfrag', dat Gericht ward hollen,
Wenn Stridigkeiten vör sünd fallen,
Wenn Einer gegen Handwarksfaken
Un Handwarksbruk hett wat verbraken.
De Oltgesell steit up un seggt:

„Mit Gunst, still ihr Gesellen! Es sind heute gewesen vier Wochen, daß wir nicht beisammen gewesen. Hat sich während dem etwas zugetragen, was Einem oder dem Andern nicht zu leiden steht, so wolle er aufstehen vor Meister und Gesellen und thun eine Umfrage.

Es soll ihm wohl vergönnet sein.
Und schütte Jeder seine Sache aus,
Weil wir sind in des Vaters Haus,
So hat man Macht zu sprechen draus,
Daß man's nicht spare bei Bier und Wein,
Wo gute Gesellen beisammen sein.
Auf freien Straßen und Gassen
Soll Einer den Andern zufrieden lassen.
Zu Wasser und zu Landen
Wird Keinem etwas zugestanden.
Rede Keiner viel von Handwerksgeschichten,
Was Meister und Gesellen auf der Herberge verrichten,
Schweigt Einer jetzt, so schweig' er auch hernach.
Was aber Einer mit Wahrheit bezeugen kann,
Das steht mir und meinen Gesellen wohl an.
Das sei gesagt zum erstenmale,
Das sei gesagt zum anderumale,
Das sei gesagt zum drittenmale
Bei der Buße mit Gunst!"
Un de oll Smädgesell, de stünn
Nu up, güng in den Kreis herin:
Mit Gunst, hei wull doch blot mal fragen,
Wat günst'ge Meister un Gesellen
Bi'n Smid Holthau'n un Waterdragen
För handwarksbrüklich Arbeit höllen;
Un wat dat wir en richt'gen Smid,

De, stats in lust'ge Cumpani
Ein Lid tau singen frank un fri,
Bi olle Jurenwiwer füll.
Un dat Gericht wart drup entscheiden:
„Mit Gunsten, das steht nicht zu leiden.
Zeig' es uns an, wer dies gethan,
Er soll ein doppelt Strafmaß ha'n." —
Dunn wis't hei höhnsch up Hanner Sauten:
„„Hir de Gesell bi Meister Wohlgemuthen.""
Uns' Hanner will sik defferdiren,
Doch Keiner leit sik dorup in,
Un dat Gericht will nicks nich hüren,
Un't wart en heimlich Lachen sin.
Ein Mitgesellen ut de Smäd,
De treden noh einanner vör
Un jeder hett 'ne ni Beswer,
Un wat Jehann ok dortau säd,
Hei würd verurtheilt un verdunnert.
Un halw in Wuth un halw verwunnert
Tellt hei sin Strafen grimmig hen
Un set't sik trotzig up sin Städ.
De Oltgesell steit up: „Mit Gunsten, wenn
Niemand mehr etwas weiß, so weiß ich was:
Wir wollen Geld zählen und Bier zoppen,
Wo schöne Mädchen mit den Krügen kloppen."
Un tellt dat Geld un slütt de Lad:

„So wie ich unserer Gesellenlade Schloß schließe, soll ein Jeder seinen Mund schließen. Mit Gunst, aus Kraft und Macht schließe ich zu. Mit Gunst stecke ich mein Schwert in die Scheide. Mit Gunst, daß ich mein Haupt bedecke. Mit Gunst, ihr Bursche, bedeckt euch!“

Un somit is de Upslag slaten.
En Jeder kriggt sin Glas tau faten
Un't lustig Lewen geit nu an.
Un in den Trubel sitt Jehann,
In sine Bost, dor kakt de Grimm;
Hei kickt sik nah den Ollen üm,
Doch de is weg; un dat is gaud,
Süs hadd't hüt Slägeri noch gewen.
Hei sitt in argerlichen Maud:
Taum irsten Mal in sinen Lewen
Hett hei 'ne Straf betahlen müßt,
Un ungerecht un schändlich is't! —
Rings üm em rüm würd'n Pußen drewen,
Gesellschaft kamm ut Rand un Band,
Dunn rückt em Ein dat Glas tau Hand:
„De Wohlthäter, de sall hüt lewen!
Hoch! Hoch, Gesellen! Jehann Snut!
En Jeder drink sin Gläsken ut!“ —
Jehann will sik nich marken laten,
Dat em de Sak tau arg verdraten,

Hei drinkt un drinkt, hei drinkt tau vel.
Un as dat Zechgelag is slaten,
Dunn stül't hei sik endlang de Del
Un tummelt in de Nacht herin.
Hei geit un geit, un steit denn still,
As ob hei sik besinnen will,
Wo woll sin Slapstäd wesen künn.
Hei geit un geit as in en Drom:
Em ward so swack, em ward so mäud,
Em is't, as wenn wat baben weih't,
Hei kickt tau Höcht: ja, 't is en Bom.
Wat dat för'n Bom woll wesen deit?
Hei fött em an un höllt sik wiß,
Doch wohrt nich lang', dunn sackt hei hen.
Ach, wat hei krank doch worden is!
Dor liggt hei denn un slöppt hei denn,
Bet Morgen Gragen ruppe treckt
Un uns' lütt Krischan Fink em weckt;
De schellt von gräunen Bom herunner:
„Stah up! Stah up! Slag Di de Dunner!
Swinegel up! Noch sünd w' allein,
Noch hert kein Minschenkind Di sein,
Noch liggt in Slap de ganze Stadt.
Pfui, gah' nah Hus! Pfui, schäm Di wat!"
Hei rappelt sik tau Höcht, em früst,
Hei kickt sik üm: wat is't? wat is't?

Wo kann hei sin? Wo is dat kamen?
Wat hett hei hir sin Slapstäd namen?
De olle Firburs föllt em in.
Ja, up de Harbarg ded hei sin,
Un hei würd vor tau Schand un Spott.
Nu was de Schand irst grot. — Ach Gott,
Tau Hus! tau Hus! Wenn hei tau Hus doch wir! —
Un krank vör Schimp, verworren in Gedanken,
Slickt hei de Hüserreih entlanken.
Hir is sin Smäd. Nu Hanner, rasch!
Hei halt den Slätel ut de Tasch.
Hei kickt sik üm, wat em wer süht.
Ne, Gott sei Dank! em süht hir Kein,
Noch is hei up de Strat allein.
Hei slütt, un apen is dat Dur,
Dunn föllt en Ton em in dat Uhr,
En Stänen un en Günsen wir't;
Hei stutzt un steit un horkt un hürt,
Hei weit nich, wat dat Wirklichkeit,
Wat't blot Inbillung wesen deit.
Ne, ne, dat is 'ne Minschenstimm!
Hei geit taurügg un kickt sik üm.
Mein Gott, bi sin oll Nahwersch is
Dat Finster up, de 's krank gewiß.
Herr Gott, en Finster is inslahn.
Wo kann dat sin? Wer hett dat dahn?

Hei springt henton, hei kickt herin:
Herr Gott, wo kann dat mäglich sin?
De olle Fru liggt up de Ird,
Ehr Berd is rüm un rümmer kihrt.
Rin in dat Finster! Gott erbarm!
De olle Fru swemmt in ehr Blaud,
Hei böhrt s' tau Höcht in sinen Arm.
Wat äwerst nu? wat nu? wat nu? —
Em is so wirr un weust tau Maud —
Un düster stähnt de olle Fru.
Hei leggt sei rinne in ehr Bedd,
Un as hei s' dor herinne hett,
Will Hülp hei raupen ut dat Finster rut,
Dunn steit sin Meister Wohlgemuth
Vör em un ward herinne sein:
„Wat is hir los? Wat is gescheln?" —
Jehann steit dor mit bläudig Hän'n,
Sin Hor steit wild tau Barg in En'n,
Den Rock vull Blaud, dat Og' verglas't:
Hei stamert wat verdutzt, verbas't:
Hei wüßt von nicks, nicks von de Daht,
Hei wir man just herinne stegen,
Hei hadd de Nacht so buten legen,
Hadd slapen up de apne Strat. —
De Nahwerschaft de kümmt hervör,
De Husdör un de Kamerdör,

De warden hastig apen braken:
„Kikt, kikt, hir is en Mord geschein!"
Von Mund tau Mund flüggt grell dat Wort:
„Wer hett dat dahn? Wer het't verbraken?"
Un von den Aben krischt de Spreln:
„De wille Mord! De wille Mord!
Fluch, dreimal Fluch den willen Mörder!"
Un vör de Minschen steit Jehann,
Den Rock vull Blaud, vull Blaud de Hand,
Hei redt un stamert allerhand,
Un Jeder kikt den Burßen an:
„Is de dat west, hett de dat dahn?" —
„„Oh ne, de nich; de was ehr gaud,
Hei hett sei plegt, dat Holt ehr haut,
Is för ehr Water dragen gahn.
Ne, ne, de nich, de het't nich dahn."" —
„Ja, äwer kikt dat Blaud, dat Blaud!
Wo kamm hei in de Kamer rin?
Hei is dat west, hei möt dat sin."
Un dat Geschri ward ümmer duller,
Dunn tredt sin Meister up em tau
Un leggt de Hand em up de Schuller:
„„Den Burßen hir kenn ik genau.
De het't nich dahn, de is't nich west.
Hei 's min Gesell un is min best',
Hei hett mi tru un ihrlich deint,

Un't mit de Olsch taum Besten meint.
Un wenn ok dusend Lügen sünd,
Ik lüg för em, as för min Kind.""
Un grad wil deß hei dit hett seggt,
Dunn hewwe'n wed Lüd' herümmer söcht,
Un in de ein Eck von de Kamer,
Dor finnen sei en bläud'gen Hamer:
„Kikt hir! Kikt hir! Wat hewwe'n wi funnen!
Hir lag hei achtr'e Beddstäd unnen."
Un as sei'n hen un rüwer reiken,
Süht Meister Wohlgemuth en Teiken,
Wat inbrennt is in sinen Stel;
Blaß sackt hei t'rügg un fött sik an,
Den swaren Dod in sine Seel.
„„Herr Gott, min Hamer!"" schriggt Jehann.
„Ja, 't is sin Hamer, 't is sin Hamer!"
Seggt swack un krank de olle Mann. —
„„Hei is't, hei is't!"" geit't dörch de Kamer,
„„Hei is de Mürder, hett dat dahn,
Hei hett de gruglich Daht begahn!""
Dunn röppt de Vagel von den Aben raf:
„Min Isaak! Min Isaak!"
Un't is, as wenn deß' Vagelsnack
Jehannen Kraft un Lewen gew,
Hei reckt de bläudig Hand in En'n:
„„Un wenn vull Blaut ok sünd min Hän'n,

Unschüllig bün'k bi minen Lewen!
Unschüllig bün'k vör Gott in'n Heben!
Un wenn uns' Herrgott hüt ok swiggt,
Hei bringt de Daht doch mal an't Licht!""

De Dokters un Gerichtslüd kamen,
Jehann ward in Verwohrsam namen,
De olle Fru würd unnersöcht,
Un wenn de Dokters Einer frögg t,
Wat sei woll wedder warden künn,
Antwurten sei: 't kunn möglich sin,

Un künn ok nich. Eins äwer wir gewiß,
Dat, wenn ehr Gott dat Lewen gew,
Sei doch för ümmer wirrig blew. —

Un in de lust'ge Smäd, wo süs
In gaude Tid recht ut den Vullen
De Arbeit un de Spaß hett gullen,
Dor is't nu einsam, still un bang'n,
Dor will kein Lust un Lewen fang'n.
Ok Meister Wohlgemuth sitt still
In sine Stuw un sinnt un sinnt,
Denn wat hei anfött un beginnt,
Kein Arbeit vör em fluschen will:
Den besten Deil von sine Haw'
Müggt hei woll för den Jungen missen:
„Oh Gott, de Jung', de arme Knaw'!
Mit so'ne Undaht up't Gewissen!
Ne, 't is nich möglich! 't kann nich sin! —
Un doch de Hamer! Ach, de Hamer!
Wo kamm de in de Juden-Kamer?" —
Hei springt tau Höcht, em föllt wat in:
„Herr Gott, süll ik d'ran schüllig sin?
Ik heww den Jungen jo vertellt,
De Olsch, de hadd vel Gaud un Geld.
Hadd em dit Wurt ut minen Mun'n
Verführt tau de unselig Daht,

Ik künn kein Rau nich früh un lat,
Ik hadd meindag kein ruhig Stun'n." —

Ol Hanne sitt allein — ach, wo allein!
Sitt achter Stoll un Rigel fast —
En schudderig, einsam Wesen was't! —
Wat müßt em dörch den Kopp all kein!
Un ach, sin Kopp was as intwei,
Em was so wirr, em was so wei,
Un in em hamert jede Ader.
Ach Gott, sin Mutter un sin Vader!
Sin Fiken, ach! un hei nu hir!
Ach, wer doch lang' begrawen wir! —
Hei fohrt sik mit de Hand dörch't Hor
Wo is dat möglich! Is dat wohr?
Ja, up de Hasbarg ded hei sin,
Un unner'n Bom, dor hett hei slapen,
Un nahsten sach hei 't Finster open,
Un in dat Finster steg hei rin,
Dor lag s', dor lag de olle Fru.
Wat kwerst nu? wat nu?
Wat is denn nahst mit em geschein?
Vel Minschen hett hei üm sik sein,
Vel Minschen wiren in de Kamer,
Sin Meister hett wat tau em seggt,
Un dunn? dunn würd de Hamer bröcht.

Ja, ja, dat was sin eigen Hamer!
Vull Blaud! vull Blaud!
Wo kamm dat rode Blaud an den'n?! —
Hei drückt den Kopp mang sine Hän'n —
Herr Gott, sei kän'n doch dat nich glöwen! —
Hei springt an sine Dör heran —
Hei will glik Red un Antwurt gewen:
„Makt up, makt up!“ — — Ja, rup du man!
Wild ward hei an de Dören slahn:
„Ik bün't nich west! Ik heww't nich dahn!
Ik bün't nich west!“ — Ja, klopp du man! —
„Herr Gott, Herr Gott in'n hogen Hewen,
Sei möten un möten un möten mi glöwen!
Oh, Herr Gott, hür mi gnedig an,
Un bring de Wohrheit an dat Licht!
Erlöf' mi doch!“ — Ja, bed du man! —
Uns' Herr Gott in den Himmel swiggt,
Un möglich is't, nah lange Pin,
Denn kann dat sin,
Dat hei för di Erbarmen kriggt,
Un dat hei gnedig hürt di an.
Nu sitt du man!

21.

De Mus'buck mit sin Madam Mus
Was rinne treckt in't Bäckerhus,
Un up Befehl von'n Aerrbor
Meldt hei sik bi Krischäning vor.
Krischanen is dat irst nich mit,
Doch Mus'buck redt so stramm un drist
Von sinen Updrag un Befehl,
Bet hei taulezt den Tautog litt
Un in de Eck dat Lock em wis't,
Un Musbuck treckt nu unn're Döl. —
Dat was 'ne Lust, dat was 'ne Häg',
As Musbuck sik sin Sloß beseg:
„Hir is dat schön, hir fehlt uns nicks,
As hir un dor noch en por Dören,
Twei noch nah hin'n un twei nah vören.
Nu Mutter, kumm! Nu rönnet fix!
Nu fix heran, ji leiwen Gören!"

Dat was denn Water up ehr Mähl.
Nu gnagen sei un gnagen sei
'Ne tweite Hudrör dörch de Del
Un nah den Kurnbähn ok noch twei.
Un Allens schorwarkt, wirkt un pusselt,
Dat Kalk un Stein herunner russelt.
Krischäning denkt: „Wo dit woll wött?
Hir was't all slimm, as ik alleine set,
Nu geit Gottswurt so äwerall —
Wo dit woll mal eins warden sall?"
De Winter kümmt; dat Mus'volk hett
Den Harwst lang velmals Kinddöp hollen,
Sowoll de Jungen, as de Ollen;
Un't hett en Ümfang un 'ne Grött,
Dat't äwer Winter gaud un girn
För'n richt'gen Mus'staat kann passir'n,
Up puren Row organisirt,
Un uns' oll Musbuck as Regent
Würd Majestät un Kaiser nennt,
Un wat uns' lütten Krischan hürt,
Dat würd von em frisch annectirt,
Un güng de 's Abends still tau Bedd
Up't Lager in den brunen Rock,
Denn würd hei ut dat Bedd rut stött
Un rute drewen ut dat Lock.
Denn satt hei dor un frür un frür:

„Ach, wenn't doch ball irst Frühjohr wir!"
Un Morgens kamm sin Vader denn
Un kloppte an de Finsterruten:
„„Du, Krischan, kumm nah't Finster heu,
Din leiwe Vader is hir buten!
Un hest Du nich en Stückschen Brod,
Bi uns is wedder grote Noth.
Sieh, lieber Sohn, die Dankbarkeit
Steht Kindern wie ein Ehrenkleid,
Du wirst Dich nicht entäußern dessen,
Wirst Deine Ältern nich vergessen."" —
„Ach," seggt Krischan, „min leiw Herr Vader"
Un Thranen in de Ogen hadd 'e,
„Dat's All recht schön, doch kann I nix gewen;
Ik hew jo sülwst nich wat tau lewen.
Dat Takeltüg von Müs' hir un'n
Nimmt mi dat Brod jo ut den Mun'n."
Un Spatz, de schellt in't Finster rin:
„„Ji Rackertüg, ji Röwertüg,
Lat't dat man blot irst Frühjohr sin,
Denn kümmt de Aderbor taurügg,
De sall jug Rackerwohr mal lihr'n,
Frömd Eigendaum tau respectiren."" —
Doch dat helpt nix. De Müs', de lungern,
As wenn s' von Gottes Gnaden wiren,
In't warme Bedd von lütt Krischanen,

Lott un ehr Jochen mölen hungern,
Un lütt Krischäning, de möt frieren
Un in de kollen Ecken wahnen. —

Na einmal ward de Tid em lang:
Ach, hadd hei doch den halwen Ring!
Wat was dat för en schönes Ding!
Wat was de Ring so blink un blank!
Hei slickt sik an dat Lock heran,
Hei bückt sik dal un kickt herin,
Un — kik! — so wel hei seihen kann,
Ward't unnen hüt ganz leddig sin.
Hei hüppt herin un söcht un söcht
Un bringt em richtig mit tau Höcht.
Hei sitt nu dor un spelt dormit,
Un as hei so vergnäuglich sitt,
Dunn kümmt de Mus'buck an un frögt:
„Du dumme Jung', wat hest Du dor?" —
„„Gelt Di nicks an! Dat is min Ring."" —
„Din Ring is dat? Ik glöw noch gor!
Glik giwwst em her, Du dummes Ding!"
„„Ne,"" röppt Krischan, „„dat is min eigen!""
Un ward dormit tau Höchten fleigen
Un flüggt up Fiken ehre Lad.
Un as dit schüht, kümmt Fiken grad.
Wutsch! is de Mus'buck in sin Lock herin

Un rult sik dal un kickt denn wedder rut
Un pipt em tau in vuller Wuth:
„Tante, lat sei man irst weggahn sin,
Du Kröt, denn will'n w' uns wirer spreken!"
Lütt Fiken set't sik up ehr Bedd
Un weint, as süll dat Hart ehr breken:
„Ik kann't un kann't nich mihr uthollen,
Ik möt herut nah mine Ollen."
Slütt ehre Lad bunn up un kriggt
Herut ehr einzig gaudes Kled, —
Lütt Krischan fix tau Höchten flüggt —
Un ihr s' den Deckel wedder slüt,
Flüggt hei hentau un ahn Bedenken
Smitt hei den Ring in ehre Lad:
„Kreg' di de Mus'buck, wir't man Schad;
Ne, leiwer will 't di Fiken schenken." —
Dat Ringstück föllt an eine Sid
De Lad hendal bet up den Grund,
Un Fiken würr dorvon nicks kund.
Sei treckt sik an un slütt de Lad,
Un wil dat is en Sünndag grad,
Geit sei herute nah Gallin. —
„Ach her!" rep Smidtsch, „min Drom is ut,
Mi hett hüt drömt, dat Fiken kem,
Nu red mi Keiner gegen Dröm!
Doch, Dirn, wat süchst Du trurig ut!" —

Ol Smidt, de leggt sin Arbeit weg
Un schüwwt sin Togbenk in de Eck,
Gimwt ehr de Hand: „„Wat is Di, Fiken?““
Un ward ehr in de Ogen kiken.
„Oh, nicks nich, Vader, nix nich is't:
Ik hew mi man so ängsten müßt.
Min Herr, de lett mi nich in Freden,
Hei führt so'n sonderbore Reden ...“
Un stamert wat, dat Blaud, dat stiggt
Ehr gläugnig rod in dat Gesicht.
„„Man wider, Dirn,““ seggt Vader Smidt,
„„Wat will hei Di? Man rut dormit!““
Un treckt de Ogenbran' tausamen.
„Ach Gott, ik kann jo dor nix vör!
Hüt Morgen kloppt hei an min Dör,
Un rep mi, ik süll rute kamen.
Dat ded ik denn, un as ik't dahn
Un wull an mine Arbeit gahn,
Naumm hei den Bessen ut min Hand
Un säd: dat wir för mi 'ne Schand,
Dor süll 'k mi länger nich mit quälen,
Un wenn ik müggt, wat hei woll müggt,
Denn künn ik Fru in'n Hus' dor spelen.“
Un höllt de Hand sik vör't Gesicht.
„„Herr Gott doch, Dirn,““ röppt Smidtsch, „„nu dücht ...““ —
„Hollt Mul!“ seggt Smidt tau sine Fru,

„Tauirst red ik, an nahsten Du.
Vertell mal wider! wider Dirn!" —
„„Un treckt mi rinner von de Del
Un as wi för sin Wandschapp wir'n,
Dunn slet hei up un wis't mi Geld,
Vel Geld — ach, Vader — gor tau vel!
Un säd tau mi, dat All wir min,
Un Hus un Hof un Gorn un Feld,
Wenn ik em wull tau Willen sin,
Un wenn ik warden wull sin Fru."" —
„Man wider!" seggt de Oll. „Un Du?" —
„„Ik heww nicks seggt, ik heww nicks seggt,
Ik heww mi blot up't Bidden leggt,
Hei süll mi laten still taufreden;
Dunn let hei mi un säd blot noch:
„Min sallst Du sin, min wardst Du doch!
Ik ward mal mit Din Ollern reden." —
Oll Smidt süht still sin Dochter an
Un antwurt't drup nich swart un witt,
Hei greip an sine Togbenk ran
Un set't sik hen un snitt un snitt.
De Ollsch, de kennt sin Wis' genau.
Sei hett all lang' drup paßt un lurt;
Nu kümmt sei endlich an dat Wurt,
Un't ganze Wurt, dat hürt ehr tau:
„Du büst de dämlichst von min Kinner!

Wat rohrst un rohrst un sittst un sittst?
Du büst noch dümmer as uns' Lüttst!
Denn uns' lütt Riking un uns' Hinner,
De hadden sik ganz anners raden,
De hadden taulangt, wir't ehr baden.
Wat hest Du nu? Nu hest en Quark.
Meinst Du, dat s' för Di, dumme Dirn,
De Bäckerhüser an den Mark,
As Koffe up de Kindelbir'n,
Twei-, dreimal rümmer präsentir'n?
Glik geist Du nah den Mann taurügg
Un hest Di nich so zimperlich,
Un steist nich för em zipp un stumm
Un seggst tau em, Du wullst dat — ja!
Du wirst in dese Ort noch dumm,
Un ik kem des' Dag' sülwsten nah,
Denn würd dat Anner sik woll fin'n.
Doch täuw!" — un grawwelt unner't Rigel rup
Un set't 'ne olle Kapp sik up
Un ward en Dauk sik äwer bin'n —
„Am besten is't, ik gah glik mit." —
„„Du bliwwst tau Hus"", seggt Vader Smidt
Un ward den Rock sik 'raffe halen
Un treckt de Hanschen äwr'e Hän'n,
„„Ik möt noch nah den Holt hendalen.
Kumm, Kind, ik gah mit Di en En'n.""

De Oll geiht mit sin Dochter furt,
Hei redt mit ehr kein einzig Wurt,
Doch as sei kamen an den Holt,
Dunn makt hei Holt
Un seggt in sine stille Wis':
„„Hir, Fiken, stahn min Bessenris,
De Förster hett mi dat vergünnt —
Nu gah tau Hus mit Gott, min Kind!““
Sin Fiken kickt em trurig an. —
„„Ne, ne, min leiwes Kind, ik kann
Up Stun'ns nich helpen, ne, ik bün't
Nich in den Stan'n; de Noth is grot,
Wi tehren von uns' lettes Brod.
Lat Di nich von den Düwel blen'n,
Denn kümmt dat All taum gauden En'n.
Un wenn Di dat nich möglich is,
Denn bruks't Du jo nich „ja“ tau seggen““
Un ward de Hand ehr up de Schuller leggen —
„„Holl ut, min Kind, holl wiß, holl wiß!““ —

22.

Ok hir was gahn dat tweite Johr,
Un Nachtigal un Aderbor
Un all de Annern wiren kamen
Un verlustirten sik mit de Famili Spatz
An unsern ollbekannten Platz,
An'n Wischensom bi'n Holt, tausamen.
Ok würd von irnsthaft Saken redt,
De Aderbor vertellt, dat in 'ne Smöd
Tau Köllen an den gräunen Rhein
Hei körtlings unsern Hannern sein.
De Jung', de hadd em nich gefollen,
Hei hadd em doch för frischer hollen.
Dat hadd kein Grats un hadd kein Iwer,

Sei rüm bi olle Judenwiwer.
Un wat oll Spreinsch ehr Unkel wir,
De bi de Judenfru inliggt,
Hadd seggt, se güng dat nümmermihr,
So kem hei heil un deil taunicht. --
„Grad so," föllt Lott em in dat Wurt,
„Deit dat mit uns' lütt Fiken wesen,
Un, Vadder, wenn dat länger durt,
Denn kann't sei heil un ganz verbäsen.
De Bäcker plagt sei ümmer furt
Mit sin entfahmte Frigeri,
Un Krischan seggt: bliwwt dat so bi,
Denn geiht sei gänzlich vör de Hun'n."
„„Gevadder!"" redt uns' Jochen mang,
„„Gevadder, ja, es ist ein Jammer,
Da sitzt das Blümchen in der Kammer,
Vor Sehnsucht und vor Liebe krank.
Ja, wär mein Krischan noch gesund,
Dann könnt er sie durch Spielen, Singen
Auf andere Gedanken bringen,
Doch der ist selber auf den Hund.
Un dat is Dine Schuld, Musch Langebein,
Ik segg Di't grad in dat Gesicht,
Du hest en schönes Stück anricht:
Leitst mi de Müs' dor rinne tein,
Dat s' mi den Jungen dor verjagen

Un rute driwen ut sin Lock,
Dat hei in kollen Winterdagen
Dor friren möt. — Kik! sülwst den Rock,
Den min lütt Krischan doch hett fun'n,
Behöllt dat Rackertüg vör un'n."" —
„Ja, 't is 'ne rechte Rackerwehr,"
Seggt ärgerlich de Adebor,
„Na, täuw! Ik krig di man, du Schuft!"
„„Hüt,"" seggt uns' Lotting, „„kün'nst em krigen:
Hüt ward hei hir woll rümmer stigen.
Hei säd, hei wull mal in de Luft
Un wull mal halen frischen Athen;
De Poggenkanter hadd em bidden laten.
So güng hei denn mit Fru un Kinner
Vörmorrntau in dat Feld herinner."" —
„Wohen?" — „„Hir achter an den Dik."" —
„Täuw! denn betahl ik di hir glik!"
Seggt Adebor un stäwelt af. —
Un as hei kamm hen an de Burd,
Wo de oll Kanter hüt Gesellschaft gaww,
Dunn flitscht dat Mus'volk fixing furt,
De Kanter hüppt in't Water 'raf.
Un blot den Mus'buck kreg hei bi den Nacken:
„Mit Di heww ik en Wurt tau snacken."
Un ward em rammeln, ward em schübben,
Un höllt em sine Sün'n vör,

De hei begahn an't Spatzen-Gör.
De Mus'buck ward so kläglich bidden,
Bet Adebor denn endlich seggt:
„Nu holl Din Mul, entfahmte Knecht!
Un dau, wat ik Di heiten dau!
De Bäcker-Kater is min gaude Fründ,
Un flüster ik em blot en Würdken tau,
Frett hei Di up mit Fru un Kind.
Lütt Krischan will nich mihr bi Jug herin,
Ji stänkert dat tau dull em in,
Doch för den Winter will hei sinen Rock
Herute hewwen ut dat Lock.“ —
„„Herr Gott, wo süll dat möglich sin!““
Röppt Mus'buck ut, „„den krig wi jo nich rute!““ —
„Wenn't heil nich geit, denn snid Ji em in lütte
Lütt Lappen un lütt enzeln Stücken
Un treckt em rute Flick bi Flicken.
Sin Eigendaum, dat möt hei krigen,
Un deist Du't nich, denn paß wol up,
Denn ward ik up't Kollet Di stigen.“
Un lett em los un nimmt sik up,
Un flüggt herräwer nah de Annern.
Dunn kümmt de Bäcker an tau wannern,
Un all de lütten Vägel schrigen:
„Kikt! Kikt! Dor geit 'e, geit 'e, geit 'e hen!
Un de will uns' lütt Fiken frigen? —

Wat will hei denn? Wat meint hei denn?
Lütt Fiken, lütt Fiken
Tau straken, tau striken,
Is nix för den Riken,
Den Bäcker an'n Mark;
Si is un sei bliwwt Hanne Nüte'n sin Brud." —
„„Uns' Brud! Uns' Brud!"" röppt de Kukuk lud,
Un de Holtschrag schriggt herun von de Bark:
„Du kriggst en Quark! Du kriggst en Quark!"
Den Bäcker stürt kein Vagelsang —
Wat geiht en Vagellid em an? —
Geit nah Gallin den Weg entlang,
Ob hei de Olln bereden kann. —
Oll Smidt is ut, de Ollsch, de hürt
Mit heimlich Freud up sine Würd,
Smitt af un an en Wurt mit in,
As: ja! — natürlich, ja! — dor hadd hei recht!
'Ne gaude Dirn wed Fiken sin,
Dat hadd, wat Hei wir, Smidt, ok ümmer seggt.
Sei wir ok wol 'ne gaude Ort,
Un wenn s' nu set un ümmer rohrt,
Denn künn dat mäglich blot geschein,
Wil ehr de Sak so spansch vörkem.
Nu süll de Bäcker ower sein,
Wenn sei't in ehre Hand irst nem,
Denn süll de Sak sik likerst teih'n.

Un sei wull mit, glik mit em gahn,
Dor süll en Dunner rinner slahn! —
Dat deit sei denn. Un Allens wat
Sei för den Bäcker seggen kann,
Dat bringt sei bi lütt Fiken an.
Sei redt von dit, sei redt von dat,
Von Hus un Hof un Gaud un Geld,
Un wat sei't nahsten up de Welt
Doch schön un herrlich hewwen künn.
'Ne Hülp künn s' för ehr Öllern sin,
Dat sei in ehren ollen Dagen
Sik nich mihr brukten so tau plagen.
„Ik kann nich!“ weint lütt Fiken still,
„Ik kann nich, Mutting, wenn 'k ok will!“ —
„„Dirn!““ springt de Olsch tau Höcht un frögt:
„„Hest mit en Annern Di verkrämpelt?
Ik heww dat Vadern ok all seggt:
Du hest Di ganz gewiß verplämpert?““ —
„Ne, Mutting, ne! ne, ganz gewiß!
So heww 'k mit Keinen noch nich spraken.
Ik weit nich, wat dat in mi is —“
Un't flüggt en Schudder dörch ehr Knaken —
„Mi grugt vör em, grugt vör den Mann.
Ne, Mutting, ne, ik kann un kann
Di hirin nich tau Willen wesen,
Mi grugt vör em, ward vör em gräsen.“

Un wedder fängt ehr Mutter an
Un redt so iwrig up ehr in,
Dat sei 'ne Stütt ehr wesen künn,
Sei un ehr Vader hadden meint,
Dat sei dat woll üm ehr verdeint.
Dunn seggt lütt Fiken bleik un still,
Kein Thranen hadd s' in ehre Ogen,
Obschonst ehr alle Glider flogen:
„Ja, Mutting, ja, wenn Vader will!" —
Dat was denn nu ehr letzt Bescheid.
Oll Smidtsch möt gahn, un as sei geit,
Ward sei doch ehr oll Nahwersch drapen,
Dat is tau vel, sei kann't nich hollen,
Un makt ehr Pipermähl denn apen:
Vertellt ehr denn, ehr Fik füll frigen —
'T kem blot noch an up ehren Ollen —
Den riken Bäcker künn sei krigen.
Un as oll Smidt Sünnabends lat
Von den Verdung tau Hus kümmt in,
Dunn breit't in'n Dörp un up de Strat,
Dat Smidten-Fiken frigen künn.
Un Köster Suhr, de redt em an:
„Mein lieber Smitt, ich höre eben,
Daß sich das Schicksal hat begeben,
Daß Euer Fiken frigen kann.
Hab' ich nicht ümmer Euch gesagt,

Daß Fiken mal Furage macht?
Der Bäcker is ein sehr profecter Mann
Un sitzet stark in schöne Nohrung,
Un wenn lütt Fiken mehr Erfohrung
Un Andacht hat in Wirthschaftsführung,
Denn sollt Ihr sehen, wird sie 'ne hellsche Fru.
Ich vor mein Theil geb' meinen Segen zu
Un meine schönste Gratulirung." —
„„So wid,"" seggt Smidt, „„is't noch nich prat"" —
Un geit verdreitlich lang de Strat
Un treckt herin in sinen Kathen,
Dann ward de Ollsch en Hart sik faten
Un ward utführlich All'ns vertellen
Un nebenbi up Fiken schellen.
De Oll seggt nix, hei sitt un swiggt,
Un as dat naug em wesen dücht,
Dann geit hei rute ut de Dör
Un set't sik up de Bänk dorvör;
Dor sitt hei lang un äwerleggt,
Wat Mutter em vör Kundschaft bröcht. —
Dicht bi em steit en Hümpel Kinner,
Sin Luten, Riking un lütt Hinner,
De snacken dor mit Jöching Frahmen
Un mit den Schulten Gust tausamen,
Un reden so as Kinner daun.
„Morrn slachten wi uns' gelbunt Haun,"

Seggt Jöching Frahm, „un dortau Grütt." —
„„Wi eten Tüften,"" seggt lütt Hinning Smidt,
„„Un ümmer Tüften eten wi."" —
„Ik sid ok arm," seggt Schusten Gust,
„Un Tüften eten möten Ji;
Wi äwer eten Sünndags Wust." —
„„Je, lat man uns' grot Fiken frigen,
Denn sallst mal sein, wat w' Stuten krigen!"" —
„Denn giwwst mi doch wat af?" frêggt Jöching Frahm. —
„„Ne,"" seggt lütt Hinner, „„alltausam
Den Stuten frett 'k alleine up,
Du giwwst mi ok kein Haunersupp."" —
„Ja, Gören," seggt lütt Smidten-Luten,
„Herr Je, wat krig wi denn för Stuten!" —
Un as dat Görenvolk so snackt,
Ward Smidt sacht von de Bänk upstahn:
„Un Thranen sünd doriune backt,
Min leiwstes Kind ehr bittre Thran!" —
Still geit hei rin in sine Dör,
De Olsch, de fängt denn wedder an,
Dunn seggt hei hart un barsch tau ehr:
„Ik weit nich, Wiw, wat Du verlangst?
Hest Du kein Mitleid mit ehr Angst?
Willst Du Di an Din Kind versünnig'n?
Willst Du dat Kind in't Unglück stöten?
Glik morgen sall s' den Bäcker kündig'n;

Ik will kein Sünnenbrod nich eten." — —
So kamm't den annern Morgen, dat
Uns' Smidt güng rinne in de Stadt
Un wull dor mit den Bäcker reden,
Un säd em mit rechtschaffen Wurt,
Sin Fik süll tau Martini furt
Un würd't mit Höflichkeit inkleden:
Sin Dochter künn sik nich bequemen,
Dat sei ehr Jawurt gewen künn,
Un wenn dat wir nah sinen Sinn,
Denn wull hei s' hüt noch mit sik nemen.
„Ne," seggt de Bäcker tau den Ollen,
Un wendt sik af, „ehr Tid möt s' hollen."
Un in den Harten helle Wuth,
Un grimmen Arger in den Blick
Geit hei von em, spuckt vör sik ut,
As wenn hei Gift dal slaken hett.
Un vull von Haß seggt hei vör sik:
„So, Fründling, sünd w' noch nich tau Bedd!"
Oll Smidt de geit un tröst't sin Kind.
Wat was sin Hand so weik un lind,
Sin harte Hand, so vull von Quesen,
As sei ut Kinneshart de Splerder
Herute treckt un heilt dat wedder!
Wat ded sin Og so fründlich wesen,
Wat klüng sin einfach Wurt so sacht,

As hei ehr seggt, ehr Nod wir all,
Un dat s' Martini trecken sall!
Sei hadd em küßt woll Hän'n un Fäut. —
Sei geit up ehre Stuw allein
Un bedt so vull un dankt so heit. —
Lütt Krischan flüggt up ehre Schuller,
So ibel quick, so fix as wull 'e
Sik hüt ok mal von Harten freu'n.
Sei nimmt den Vagel in ehr Hän'n:
„Ja, lüttes Dirt, bald het't en En'n!
Bald tein wi furt, Du treckst mit mi!
Bald is de ganze Nod vörbi,
Un all de Angst un all dat Quälen!"
Sei wull nu gahn, dunn süht sei up de Delen
En brunen Flicken. — Was is dat? —
So'n Flicken hett sei jo nich hatt.
Sei böhrt em up. — Wo kümmt de her? —
Ne, ne, de Flicken is nich ehr;
Doch wegtausmiten is man schad!
Sei slütt em also in ehr Lad. —
Den Morgen drup, as sei upstrit,
Liggt wedder so en Flicken dor —
Ih, dit is denn doch sonderbor! —
Sei nimmt em mit sik run un geit
In'n Huf herüm un frög̈gt en Jeden,
Wen woll de Fliken hüren deden:

Doch Keiner weit wat von de Flicken.
De Bäcker seggt: „Du dumme Dirn!
Di ward'n woll sülwst de Lappen hür'n.
För Lumpen kann sik Lumpen schicken!"
Sei sluckt dat dal, ahn wat tau seggen,
Un ward em bi de annern leggen.
Un ümmer wedder find't sei Stücken
Von brunes Laken, de s' verwohrt
Un mit Bedacht tausamen sport,
Sei kann s' mal bruken tau en Zweck,
Un lö't nich anners, tau 'ne Flickendeck.

29.

De lütte Nachtigal hett sungen
Den Sommer in de Gorenheck,
Un männigmal is't ehr gelungen,
Dat's Fiken sung de Sorgen weg.
De Harwst de kümmt, de Treckeltid.
'T ward Tid, dat sei von dannen tüht:
„Adjüs!" seggt s' tau den Adebor,
„Mi ward hir all tau kolt dat Johr.
Adjüs! Adjüs! Ik gah, ik gah,
Ik treck in't warme Afrika!" —
„„Adjüs ok, Vaddersch,"" röppt ehr Vadder,
„„Ik kam de negste Woch Di nah.
Denn hir is't ut mit Pogg un Adder,
Un ümmer Müs' för alle Dag',
Dor kriggt en Eül' jo in de Mag'. —
Un wecke Tur nimmst Du ditmal?"" —
„Ik fleig den gräunen Rhein hendal." —
„„Na, täuw, ik kam ok an den Rhein,
Denn warden w' dor uns wedder sein."" —

De Nachtigal flüggt in de Höh
Un segelt äwer Land un See;
Un as sei kümmt bet an den Rhein,
Dunn süht sei dor twei Burßen tein,
En Murer un en Snider was't.
Sihr niglich is de lütte Gast,
Hürt also tau, wat de Gesellen
Up apen Landstrat sik vertellen.
„Hei is't nich west, ik will't beswören!"
Seggt irst de Ein, „hei het't nich dahn!
Tidlewens will 'k an alle Dören
Von Hus tau Hus rüm snurren gahn!" —
Wer het't nich dahn? Wat hett hei dahn? —
Lütt Nachtigal, de flüggt von Twig tau Twig
Mit de Gesellschaft ümmer wider. —
„„Un wenn I noch einen Puckel krig!""
Röppt iwrig de lütt pucklich Snider,
„„Hei is't nich west! Uns' Hanner Smit,
Sach de woll as en Mürder ut?"" —
Herr Gott! von Hannern ward hir spraken,
Dat hei 'ne gruglich Daht verbraken.
Wo is dat möglich? Kann dat sin? —
Dunn kümmt en Wagen antauführen,
En smuckes Wiwken sitt dorin:
Herr Je, dat's sin Fru Meisterin! —
Sei müggt jo ok de Red' woll hüren."

Sei höllt ehr Fuhrwark an un fröggt:
„Hewwt Ji von Jehann Snuten seggt?“ —
Ein Wurt, dat giwwt denn nu dat anner,
Sei nödigt s' rup up ehren Wagen,
Un dörch Vertellen un dörch Fragen
Kümmt't rut, dat sei för unsern Hanner
All Drei sik will'n as Tügen mellen.
„Ne!“ röppt de lütt Fru Meisterin,
„Wat ik ok in de Zeitung lesen,
Hei het't nich dahn, hei kann't nich wesen!
Hei was so tru, hei was so gaud!
Min Smäd, min Hus, min Geld, min Gaud,
Dat sett ik hen, dat will 'k verwedden;
Ik möt den Meckelburger redden!“
Un as s' de Strat entlanke führen,
Dunn warden sei en Singen hüren,
Dat sung de Nachtigal.
Dat was kein helle Frühjohrswis',
De Lust un Leiw verspreckt,
Dat was, as wenn en Wedderhall
Heräwer tönt so sacht un lis'
Un olle Tiden weckt:
„Fru Meisterin, Fru Meisterin,
Ik rei Jug wienanner.
Dat sall nich sin un kann nich sin!
Un von Di güng Din Hanner.

Un föllt't Di swor, un föllt't Di hart,
So hest Du't nu verwun'n.
Vördwer güng de böse Stun'n,
Wo süs de Haß geburen ward;
De Minschenleiw tog in Di rin;
Drüm seg'n Di Gott, Fru Meisterin,
Un seg'n Din gaudes Hart."
Un nimmt sik up un söht den Sprein:
„Gu'n Abend, Matz, wat's hir geschein?"
Na, de vertellt, wat hei von Unkeln
Hett hürt un wat de Minschen munkeln. —
„Ik glöw," antwurt't de Nachtigal,
„De Aderbor kümmt morgen all,
Denn möt wi mal mit Unkeln reden."
„„Ne,"" seggt de Sprein, „„mit All un Jeden
Lett hei sik in't Gespräk nich in,
Hei hett en wunderlichen Sinn
Un führt oft gor tau snurrig Reden,
De von de Minschen hei hett lihrt:
Doch kumm mal mit! Ik weit sin Flag,
Dor sitt hei ümmer Dag för Dag,
T is möglich, dat hei Di anhürt."" —
Sei reisen hen. Oll Unkel Sprein
Sitt still för sik as in den Drus'
In't Tüschenhüschen bi den Jubenhus',
Un as hei de Gesellschaft sein,

Ward gnäglich hei tau Höchten kiken
Un will sik sacht von dannen sliken,
Doch redt sin Brauderssähn em an
Mit fründlich Red' un Smeichelwürd,
Un as hei nu nich anners kann,
Bequemt sik denn dat olle Dirt
Un ward up sine Ort vertellen,
Dat de oll Fru tworst lewen ded,
Doch dat sei müßt för wirrig gellen.
Sei set den langen, leiwen Dag
Un grawwelt rümmer up dat Flag,
Wo süs ehr halwe Ring hadd seten,
Den ehr de Mürder runner reten.
Un männigmal mengt hei dor twischen
So'n snurrig un so'n hastig Wurt:
„De wille Murd! De wille Murd!"
Fluch! Dreimal Fluch den willen Mürder!"
Dat sülwst hei künn för wirrig gellen. —
Grad as de Oll dit deit vertellen,
Dunn ward de Murer un de Snider
Un uns' lütt, leiw Fru Meisterin
Bi Meister Wohlgemuthen sin.
Sei holl'n tausamen Rad un stahn
In'n Durweg bi de Smäd tausamen,
Dunn kümmt en Minsch dor antaugahn,
In Elend un in Noth verkamen.

Hei stümpert sacht heran un slickt
Dat Judenhus entlang un kickt
Sik ängstlich üm, ob em wer süht.
Dat is, as wenn't em ranne tüht,
As müßt hei wedder un wedder sein
Den Urt, wo mal de Daht geschein.
Un doch is't em, as wenn an desen Urt
En gruglich Wesen up em lurt,
Dat em nich laten künn.
Hei steiht un stiert in't Finster rin.
„De wille Murd, de wille Murd!"
Röppt't ut dat Tüschenhus herut.
Dat is de Stimm, dat is de Lud,
De hei in jenne Nacht hett hürt!
Ja, ja, dat sünd de sülw'gen Würd,
De em verjagt,
As hei de gruglich Daht hett wagt!
Hei steiht, as hadd de Slag em rührt,
Hei reckt de Hän'n wild vör sik hen:
„Lat los! lat los! Wat willst Du denn?
Ik namm Di nicks, as dit allein!"
Dann klirrt wat an dat Finster ran
Un klingt wat runner up de Stein.
„Nimm hen! Nimm hen! Mihr hew ik nich!"
Un tummelt von dat Finster t'rügg,
Un, willes Gräsen in't Gesicht,

Stört't hei entlang de stillen Straten;
Un achter em de Vagel schriggt:
„„Fluch! Dreimal Fluch den willen Mürrer!““ — —
De Vier, de stahn ahn Lust un Athen,

As wiren s' bannt up dese Stell.
„Dat is hei!“ röppt taulezt de Snider,
„Dat is de olle Smädgesell!
De hett dat dahn, de ded de Daht!“

Sei gahn nu up de Strat nah buten,
Sei heww'n doch vör wat klingen hürt,
As klirrt wat an de Finsterruten.
Sei säuken rüm: „Up dit Flag wir't."
Dunn bückt Fru Meisterin sik flink
Un richt't sik up un höllt tau Höcht de Hand:
„Kikt hir, kikt hir, en siden Band,
Un an den Band en halwen Ring!" —
Un niglich kickt de Nachtigal
Ut't Düschenbüschen up ehr dal:
„„En halwen Ring? En halwen Ring?
Lütt Krischan hett jo just so'n Ding.
Wo dit woll müt? Wat dit woll heit?
Na, des' Dag' kümmt de Langebein,
De weit vör möglich von Bescheid.
Adjüs ok Unkel! adjüs ok Sprein!""
Flüggt in den Busch: „„Na, Gott sei Dank!
Hir is kein Elend un kein Stank.
So'n Stadt is nich för Unserein."" — —
De Woch dorup kümmt an den Rhein
De Swälk mit samt den Aderbor,
Un Nachtigal, de röppt sei an:
„„Dau! — — Nich so hastig, Vaddermann! —
Hir bün ik, hir! — Ik glöw noch gor,
Du willst ahn mi von dannen teihn!""
Un seggt em nu, wat hir gescheihn,

Un wat vör't Jurenhus passirt,
Un ward em nebenbi vertellen,
Dat sei den ollen Smödgesellen
De sülw'ge Nacht noch arretirt,
Un dat hei frech mit Leigen streb'
Un nicks nich an sik kamen let;
Dat Hanne ok noch ümmer sei.
Un gistern Abend hadd de Sprein
Bi em noch dörch de Tralling sein,
Ein rode Klür wir ganz verblaßt,
Doch wir hei ruhig, still un fast.
Un ob hei wüßt, wat hir tau maken? —
„Je," seggt de Oll, „dat sünd so'n Saken!
Ein Nod, de deit mi sihr bedräuwen,
Doch vör de Hand sei ik kein Hülp.
Ik kann bi em nich länger täuwen:
Kein Pogg hüppt mihr in Gras un Schülp,
Un ebenso is dat mit Di.
Doch täuw — de Swälk! — Swälk, kumm mal her!
Du brukst nich mit uns rüm tau ströpen,
Du hest 'ne prächtige Natur,
Du settst des Harwsts Di in dat Ruhr
Un kannst Di in en Dik versöpen,
Un is dat Frühjohr, wakst Du wedder up.
Nu mak Di up de Flüchten, nimm Di up
Un fleig taurügg nah't Bäckerhus.

Mak Jochen minen schönsten Gruß,
Vertell em von den halwen Ring
Un segg, dat wir akkrat so'n Ding,
As lütt Krischäning hadd vor unnen
Bi Weg' lang in dat Muslock funnen.
Un segg: passiren vör Geschichten,
Künn hei sik nah deß' Nahricht richten;
Un segg em, Swälk, ik lei em seggen:
Hei süll de Hän'n in'n Schot nich leggen;
Hir würd denn woll oll Unkel Sperlin
Un Meisk un Specht taum Rechten seln."

24.

De Swälk reist af mit ehr Gewarw.
Uns' Jochen is just in den Rust,
Sitt up de letzte Hawergarw
So recht in't Fett un smaust un smaust.
Hei antwurt't nicks un sitt mit vullen Kropp
So recht behaglich dor un schürrelt mit den Kopp,
Bet sei em Allens hett vertellt.
Dunn äwer fängt hei an un schellt:
„So'n Dummerjahn läßt sich da kriegen!
Man möchte aus der Haut gleich fliegen!
Ich habe die Geschichte dick.
Wat meint de Aderbor, dat ik
Nicks heww tau daun, as so'ne Saken,
De krumm sünd, wedder grad tau maken?
Hir hett en Jeder ok sin Nod:
Twei Dutzend Gören tog ik grot
Dit Johr; un dorbi liggt min Wiw
Mit allerlei Besorgung mi tau Liw,
Ik möt den ganzen Dag nah Fiken

Un nah den ollen Bäcker kiken;
Ik heww den ganzen Dag kein Freden."
Un as sei so tausamen reden,
Dunn kümmt dor wer. — Wer kann dat sin? —
De Bäcker is't; geit nah Gallin.
Up sin oll wittes, weik Gesicht
Dor liggt so'n kolles, frostig Freu'n,
As sik de Winter freut, wenn hei dat Gräun
In Feld un Holt tau Grunnen richt't.
„De bedd nicks Gauds!" seggt Spatz. „Kumm mit!
Will'n seihen, wat dor achter sitt." —
De Bäcker geit in't Dörp herin,
Bi Smidtschen spreckt hei hüt nich vör,
Hei geit nah Snuten sine Dör
Un fröggt, wo Snul woll wesen künn.
Smidt Snut ward raupen ut sin Smäd.
De Bäcker makt en grot Gered,
So'n Ort von Vörspill süll dat sin:
Hei säd, hei kem nich sinentwegen,
Sin Brauder wir tau Köllu an'n Rhein,
Von den'n hadd hüt en Breiw hei kregen,
En grotes Unglück wir geschein.
„Herr Gott!" röppt Snutsch, „Jehann is krank." —
„„Ne, hei 's gesund."" — „Na, Gott sei Dank!
Ik dacht an slimme Nahricht all."
Ja, säd hei, slimm wir ok de Fall,

Dat kunn woll keinen slimmern gewen,
Denn 't güng Jehannen an dat Lewen.
„Herr Je! Herr Gott! Herr Jesus Christ!
Wat is geschein? Wat is't, wat is't?" —
Springt sei tau Höcht un fürchterlich
Malt sik de Angst up ehre Backen.
„Oh Gott, min Kind!" un ward taurügg
Bleik as de Dod in'n Staul hensacken. —
„„Man wider!"" röppt oll Snut, „„man wider!"" —
„Ja," seggt de Kirl, „ja, Meister Snut" —
Un't kamm bedächtig druppwis' rut —
„Ja, Ehr Jehann, de sitt as Mürder!" —
Vör Jammer hell tau Höchten schriggt
De Olsch un krümmt sik as en Worm,
De olle Vader sitt un swiggt,
In sinen Harten brus't en Storm,
Hei kickt den Kirl fast in dat Og,
Un as hei süht, dat dor so'n höhnsche Blitz,
So'n Satansfreud herute flog,
Dunn springt hei up von sinen Sitz:
„„Du hest as Mürder ok all seten,
Un Satan hett Di rute reten!
Un Du wullst hir min Kind schandiren,
Min armes Wiw taum Dod verfiren?
Herut mit Di! Rut ut de Dör!""
Un kriggt den Kirl in't Gnick tau faten

Un smitt em rute up de Straten,
Un richt't sin olle Fru tau Höcht:
„Lat doch! Lat doch, wat willst Di grämen?
En Lägner hett de Nahricht brêcht,

Un Du wullst Di't tau Harten nehmen?
Lat doch! Wi müßten uns jo schämen
Vör't eigen Kind, wenn wi dat glöwen wullen,“
Un höllt sin Fru in sinen Arm.
Un up de Strat ward dat en Larm,
De Bäcker hett dor rümme schullen,

Tausamen löppt en Hümpel Gören,
De Wiwer kamen up de Strat,
De Manns de kiken äw're Dören,
Un Smidt un Smidtsch de kamen grad
Von't Tüftenbuddeln anlaugahn.
De Oll geit sinen graden Gang,
Wat kümmert em de Strid un Zank?
Doch niglich bliwwt de Olsch bestahn:
„Wat is 'e los? Wat is passirt?"
Un unner Fluchen, unner Schellen
Ward ehr de Bäcker dat vertellen.
„Herr Je doch! Kinnings, kamt un hürt!
So stah doch, Vader! Hür doch, Mann!
Smidt Snuten sin Jehann, de sitt." —
„„Ih, drähn un drähn!"" seggt Vader Smidt.
Doch alle Nahwers kamen ran,
Un't drängt sik üm den Bäcker rüm,
Un Allens frággt: „Hei sitt? — Worüm? —
Wat? Hanner hadd en Wiw dod slagen?" —
Un Allens röppt: „Dat Stück is logen!" —
„„De Kirl, de lüggt!"" röppt Durtig Bung'n.
„„So'n Stück von so'n smucken Jung'n!"" —
„De Kirl, de lüggt!" röppt Wewer Frahm.
„„Hei lüggt!"" so raupen s' alltausam.
Un ein Gemunkel mengt sik in den Larm:
Vör Johren wir en Murd geschehn;

En Jeder süll nah't Einig sein,
Un wer dat dahn, den würd't woll jälen.
Ut ehren Dörp, ut ehr Gemein
Künn Keiner so'ne Daht verbreken.
De Bäcker, de stell dodenblaß.
„Rum mit den Kirl!“ röppt Krischan Ernst,
De as Soldat up Urlaub was,
Un All'ns will up den Bäcker slahn.
Dunn kümmt sacht üm de Kirchhofsmur
De oll Herr Paster antaugahn.
„Still, Kinnings, still! De Herr Pastur!“ —
„„Was ist hier los? Was geht hier vor?““
Frögt still un irnst de olle Mann.
Un Werner Frahm trett nah em ran:
„Hir is wat seggt, doch is't nich wahr!“
Un hei vertellt mit korten Würden
Von Hannern un de Murdgeschicht.
De oll Herr Paster kickt tau Irden
Un hürt still tau un stell un swiggt,
Un as hei't Og tau Höchten slett,
Dunn liggt up sinen Angesicht
So'n bitter delpe Trurigkeit,
As wir sin eigen Kind em storben.
„„Halt!““ seggt hei. „„Laßt den Mann hier gehn!
Die Sach' ist wahr. Der Mann hat nicht gelogen,
Ein großes Unglück ist geschehn,

Der arme Bursch ist eingezogen,
Und eine Klage fürchterlichster Art
Schwebt über seinem jungen Haupte,
Wie vom Gericht mir angezeiget ward.
Fern sei's von mir, daß ich dran glaubte!
Ich kenn den Knaben, kenn den jungen Mann;
Solch offen ehrlich Blut, das kann
So plötzlich nicht verdorben werden,
Daß es das Gräßlichste auf Erden
Begehen sollt. Und ist die Wahrheit noch nicht raus,
So wird sie doch zu Tage kommen.
Ihr aber, Kinder, geht nach Haus
Und betet in der stillen Kammer,
Daß dieses Elend, dieser Jammer
Den Ältern werde abgenommen;
Sie sind am meisten zu beklagen.“
De Lüd de gahn still utenanner,
Blot Smidtschen röppt Herr Paster ranner:
„Ihr habe ich ein Wort zu sagen:
Komm Sie mit mir in's Haus hinein;
'Ne Frauenhand könnt nöthig sein.“
Herr Paster geit, un Smidtsch geit mit,
Un vör den Huf' set't sik oll Smidt,
Vull ihrlich Mitgefäul dat Hart,
Un horkt wat binnen spraken ward. —
Irst is dat still, Herr Paster spreckt

Ein tröstlich Wurt, dunn ward dat lud;
De olle arme Fru, de breckt
In Weinen un in Klagen ut:
Ehr Kind! Ehr Kind! Ehr armes Kind!
Un wedder tröst't hei sacht un g'lind,
Un wedder fall'n sin tröstlich Würd'
An't Hart vörbi up kolle Ird.
Un as taulezt hei seggen möt,
Dat dat Gericht en Breiw hadd schrewen,
Un dat ehr Hanner würklich set,
Dunn ward dat bin'n en Jammer gewen,
Dat Smidten sin oll ihrlich Hart
Terbraken un terreten ward.
Noch hett kein Wurt de Meister seggt,
Nu springt hei hastig in de Höcht:
„Hei het't nich dahn! Hei het't nich dahn!
Min Kind kann nich so'n Daht begahn!
Min Jung' mürd't nich üm Gaud un Geld!
Un all' Gerichten in de Welt,
De leigen, wenn s' dat seggen willen,
Un wenn s' 't ok all beswören süllen!"
Un geit herut, un geit un stellt
Un lickt sik üm vör sine Dör,
As wenn hei fremd hir wesen deit,
Un geit denn t'rügg in't Hus herin,
Un lickt dor bistrig üm sik her,

As wenn hei wat nich finnen künn,
Un kriggt sin Schortfell dunn tau packen
Un smitt sik't hastig öwer'n Nacken:
„'T sünd Lögen! Wat s' ok seggen mögen,
'T sünd Lögen! Utgestunk'ne Lögen!"
Un redt för sik mit hastig Red
Un geit herute nah sin Smäd
Un schürd't de Kahlen in dat Fü'r
Un kickt sik üm: „Jung', büst Du hir?" —
Dann trett oll Smidt sacht tau em rin
Un treckt den Balg. Kein Wurt würd redt,

Oll Meister Snut de smädt un smädt,
Wild haut hei up dat Isen in,
De Funken stöwen vör Gewalt,
De ganze Smäd, de klingt un knallt.
Hei leggt dat Isen in dat Für
Un sinnt un sinnt un steit dor lang'
Un fäul't sik up de swore Tang':
„Ja, ja, hir was't. Hir was dat, hir!
Hir hett hei minen Segen kregen,
Hir up dit Flag!“
Un ritt dat Isen ut dat Für:
„'T sünd Lägen!“ röppt hei, „luter Lägen!“
Un wedder klingt de Hamerslag,
Un wedder ward heit't Isen faten,
Un wedder redt hei vör sik her,
Bet em taulest de Kräft' verlaten.
Dunn sackt tausam de olle Mann.
Dunn geit oll Smidt still an de Dör
Un treckt de Dör ganz lising ran.
Un Meister Snut, de deckt de Hän'n
Up sin Gesicht, un Thranen ren'n
Tau Irden dal: „Min Sähn! Min Kind!
Ik weit jo, dat dat Lägen sünd.
Un doch, un doch! Ach grote Nod!
Dit Paschen-Trübsal tau erlewen!
Hadd Gott mi doch den bittern Dod

Hüt morgen statt dit Elend gewen!“ —
Oll Smirt kickt vör sik still tau Ird;
Dat snitt em bi des' Jammerwörd'
So deip dörch sin oll ihrlich Hart,
Hei leggt sin Hand, so fast un hart,

Up Meister Snuten: „„Meister Snut,
De Wohrheit, de kümmt doch herut.““
„Gott mag dat gewen, un dat ball!“
Seggt ruhig Meister Snut, steit up
Un wischt de letzte Thranendrupp
Sik ut dat Og, „kein Minsch, de sall
Von mi mal seggen, dat I in minen Lewen

Nich mal an't eigen Kind ded glöwen.
Min Fleisch un Blaud hett dat nich dahn!
Min Sähn, din Vader bliwwt di tru!"
Ward ut de Smäd herute gahn:
„Du leiwer Gott, min olle Fru!"

Up sennen Stein tau Kölln an'n Rhein,
Wo süs de Judenfru hett seten
Un heit von dor nah Osten sein,
Dor sitt hüt Abend Martin Sprein
Un snackt mit Meist un Specht en Beten.
„Also," frögt Meist, „so wid is't nu,
Un morgen ward dat Urthel spraken?" —
„„Ja,"" seggt de Sprein, „„de Judenfru
Is nicks nich mihr as Hut un Knaken.
Min Unkel seggt, dat is de höchste Tid;
Un wenn dat morgen nich geschüht,
Denn kän sei Hammern un den Smädgesellen
De Düsch nich mihr genäwer stellen.""
„Dorbi ward ok nicks rute kamen!"
Stimmt hastig Meist un Specht tausamen,
„De olle Fru is jo verrückt.
De kann jo allmeindag' nich tügen!" —
„„Je,"" seggt de Sprein, „„tauwilen is dat glückt,
Dat sei't bi weg'lang rute kriegen,

Un dat de Mürder ward bekennen,
Wenn em mit einmal sin Korpusdelikt —
As dat de Herrn Avkaten nennen —
Ward unversehns vör Ogen brächt.““ —
„Dor ward ok vel nah kamen,“ seggt de Specht.
„Sei füll'n em man wat up den Puckel mengen,
So'n dörtig in de Jack rin swengen,
Denn kem de Sak vel ihrer t'recht.“ —
„„Ih, red un red, un drähn un drähn!
Sei krigen't anners rut, oll Sähn!
Süh, den Herrn Staatsanwalt sin Herr Karnallenvagel,
De hängt tauwilen buten an den Nagel,
Mit den'n hadd ik tauwilen denn de Ihr,
Wenn hei grad ahn Geschäften wir,
Besond're Fäll' tau äwerreden.
De is mit alle Weigen weigt,
Un gauden Rath hadd hei vör Jeden.
De säd tau mi: hei wir „moralisch überzeugt“ —
Weitst, wat dat heit, „moralisch überzeugt“? —
Dat worrn de Kirl bekennen deit.
Jehann hadd frilich lang' naug seten,
Doch „wär' die Sach' in's stadium getreten,“
In's stadium! — weitst, wat dat heit?““ —
„Ih, Vadder, wat weit ik,“ röppt Specht,
„Von't dämliche Avkaten-Recht!“ —
„„Süh, stadium,““ seggt Sprein, „„moralisch überzeugt,““

Dat is so gaud, as wir de Sak vörbi,
Denn wenn dat Allens richtig geit,
As't gahen sall, un wenn't sik reigt,
Denn is Jehann so gaud, as fri."" —
„Je, wenn de Kirl nich ingesteit?" —
„„Ih, paß mal up, den krig'n sei rüm."" —
„Je, wenn nu nich?" — „„Je, denn is't slimm!
Denn möt wi helpen, denn de Aderbor,
Kümmt de dat negste Johr taurügg,
De frett uns up mit Hut un Hor,
Lat wi den Jungen in den Stich.
Ik möt doch mal mit Unkeln reden."" —
„Ih, lat den Ollen doch taufreden.
Wat de woll von den Kram versteit,
De is jo sülwsten halw verdreit." —
Un dormit gahn sei utenanner. — —

Den annern Morgen steit uns' Hanner
Vör de Assisen — as sei't nennen. —
Vel Volk ward dor tausamen rönnen,
Denn dit's en ganz besondern Fall,
Wil den't üm't Lewen gahen sall. —
Up't ganze Hus liggt dumpes Swigen,
De Herrn Geswurnen sitten all
Mit deipen Ernst up de Gesichter,
Un vör ehr sitten streng de Richter.

Un't is en fierliches Wesen,
As wenn en Minsch begraben ward,
Un as de Anklag' is verlesen,
Dunn pockert bang' männ'g starkes Hart.
Jehann ward fragt: ob hei sik schüllig weit? —
„Unschüllig," seggt hei still un steit
Vör de Versammlung irnst un fast.
'Ne bitter grote Trurigkeit
Liggt up sin bleikes Angesicht,
As föhlt hei gaud genaug de Last,
De hüt up sine Schullern liggt.
Doch as hei all de velen Lüd
Un all de velen Ogen süht,
De up em rauhn, röppt hei nochmal,
Un sine Stimm schallt dörch den Sal:
„Unschüllig bün ik an dit Stück!"
Un sine Backen farben sik.
En Summen geit dörch all de Minschen:
„„De nich! de nich! de het't nich dahn!""
Un Keiner glöwt't, un Alle wünschen,
Dat hei mag fri herute gahn. —
De Tügen kamen an de Reih.
Ein nah den Annern kamen twei
Un warden von de Herrn verhürt,
De Murer un de Sulder wir't. —
De beiden gauden Jung's de tügen

För ehren ollen Reiskumpan,
De Murer röppt: „Er hett's nich dahn!
Wer's sagt, der thut infamten lügen.
Die ganze Welt könnt wegen meiner
Und alle Menschen auf der Erden
Aus Bosheit umgebrungen werden,
Doch das sag' Keiner,
Daß dieser anbemerkte Johann Snut
So etwas thut!
Un ich bün bürtig aus Malchin
Un kenn sin Öllern in Gallin."
De President, de frögt un frögt,
De Murer äwer blimmt dorbi:
„Hei het't nich dahn, Jehann mött fri!"
Bet hei toulest ward rute bröcht.
Nich beter güng dat mit den Snider;
Wenn em de öbberst Richter frog,
Wo wid hei mit Jehannen tog,
Wat s' redten, deden un so wider,
Denn antwurt't de lütt pucklich Snider:
Hei wüßt, wer't dahn,
Hei künn en Stück dorvon vertellen.
De Brauder von den Smädgesellen
Wir mal mit sinen Vader gahn ....
„Holt!" rep de Richter. „Bi de Stang'!
Wo sid Ji reis't? wohen? wo lang'?" —

Dat wir egal, antwurt't de Snider,
Hei süll em irst den Smädgesellen
Von Mund tau Mund genäwer stellen,
Denn wull hei seggen, wer de Mürder
Von de oll Fru blot wesen künn;
Hei säh't em in de Ogen rin.
De Richter will dorvon nicks wetten
Un ward em Antwurt gewen heiten,
Un von dat Anner süll hei swigen.
Je ja, je ja! 't is von den ollen Jungen
Kein anner Antwurt rut tau krigen:
„Snut hätt die Frau nich umgebrungen." —
Ok hei möt rut. — Nu treit herin
Sihr bang un blaß Fru Meistrerin;
Tau Irden sleit sei dal de Ogen
Un stamert Antwurt, wat s' ehr fregen.
Sei sall den Richter Antwurt gewen,
Wo dat geschein: woans, woneben
Sei Jehann Snuten kennen lihrt,
Un wo Jehann sik bi ehr führt?
Wo schot s' tausam bi sinen Namen!
Sei stamert: ehr Gesell wir gahn,
Dunn wir Jehann tau wannern kamen
Un hadd bi ehr in Arbeit stahn.
Wo hei sik führt hadd? — „Herr, so gaud,
So tru un ihrlich, echt un recht!"

Un dorbi sleit s' den Blick tau Höcht,
Un mit einmal schütt all dat Blaud,
Wat dörch dat warme Hart ehr tüht,
So gläuznig rod in ehr Gesicht,
Denn vör ehr steiht Jehann un süht
Weimäudig ehr in't Angesicht.
Sei sleit de Ogen dal un swiggt,
As wir sei ein unmünnig Kind.
Ehr Lewen hadd sei gewen künnt,
Doch em tau helpen is s' nich in'n Stan'n;
Un wat de Richter fragen deit,
Ob s' dit nich weit un dat nich weit,
Sei hürt un süht man blot Jehan'n,
Un in Verwirrung mütt sei gahn.
Ach, wat sei un sin besten Fründ'n
För'n Tügniß för em gewen kün'n,
Dat helt em keinen Vortheil dahn! —
Ein Meister kümmt, Smid Wohlgemuth.
De Oll süht irnst un ruhig ut
Un antwurt't fast up all de Fragen,
Woans sik Hanne hadd bedragen,
Wat hei hadd in de Kamer sein,
Wo't mit den Hamer wir geschein,
Un wat hei von den Hamer wüßt.
„Ja," seggt hei, „ja, sin Hamer is't."
Dit Wurt füllt swor in dat Gewicht,

Un't Hart, wat för em slog, dat swiggt.
Un wat för em all hoffen ded,
Bewt schu taurügg bi dese Red.
Sin Sak steit slimm.
Dunn hewt de Meister sine Stimm:
„Ja, mine Herrn, sin Hamer is't,
Doch hett hei'n Dags vörher vermißt,
Hei hett em söcht, hei was em furt.
Sein S' hir! min Burßen un Gesellen,
De warden tügen för dit Wurt."
Un as de sik as Tügen stellen,
Dunn is't, as wenn en Freudenstrahl
Wir fallen in den düstern Sal,
Un dörch den Sal dor güng en Freu'n:
„„Hei het't nich dahn, sin Hand is rein."" —
De Richter fröggt den Meister dunn:
Ob Hanne möglich dat hadd wüßt,
Wo mit de Judenfru dat stunn,
Un dat för rik sei gellen müßt.
„Ja," seggt oll Meister Wohlgemuth,
Un't „ja," dat kamm so swer herut,
So mäusam ut de Bost tau Höcht:
„Ja! un ik sülwst, ik heww't em seggt." —
Un ein Gemurr flüggt her un hen:
„„Hei hett dat wüßt — ja, denn — ja, denn! —
Dat Geld treckt an — dat Geld höllt wiß —

Schad, dat't so'n smucken Jungen is!"" …
Un wo noch eben Freuen was,
Dor ward so männig Antlitz blaß;
Un't was, as wenn sin besten Frün'n
Man blot up sin Verdarben sün'n,
As wenn de, de em helpen wullen,
Em deip in't Unglück störten sullen:
Denn all ehr Tügniß bröcht em Schaden,
Un Hoffnung föllt nah Hoffnung af.
Jehann süht schuddernd in sin Graww,
As hadd de Leiw em sülwst verraden.
Ein junges Lewen bömt sik hoch
Un wild in En'n:
So kann't nich en'n!
Un as de Judenfru ward rinne dragen,
Dunn stiggt de Hoffnung wedder hoch:
Sei mött mi ken'n!
De kän't Ji fragen! —
Ach, de oll Fru, de kennt em nich,
Sei kickt so stir,
Wo sei woll wir,
Un sackt dunn swack up't Lager t'rügg.
Hei bückt sik dal: „Ik bün't, ik bün't!"
Sei grawwelt mit de welke Hand
An'n Hals herüm un söcht den Band:
„„Min Isaak! min armes Kind!""

Vergews! vergews! Kein Wurt, kein Wurt!
De Schatten tein nich von ehr furt,
Un ümmer düstrer, ümmer höger
Tein sik sin Schatten swart tausamen,
Un ümmer greller, ümmer neger
Süht hei den Blitz herunner kamen.
Sin Hart dat bewt, sin Hart dat bedt,
Kein Herrgott is, de tau em redt.
Wild, wirr un hastig fleigen sin Gedanken
Tauriigg, den korten Weg entlanken:
„Min junges Lewen!
Mihr will mi nich min Herrgott gewen?
Min leiwe Dirn,
Min Lewen, Leiwen, All verluren!“ —
Dunn is't, as wenn ut wide Fiern
Em eine Stimm rep in de Uhren:
„„Holl wiß! Holl wiß, min Sähn Jehann!““
Un't Hart sleit wedder in em lewig,
De oll Mann, de rögt sik strewig;
Ja, hei will hollen, wat hei kann!
„Holl wiß!“ röppt hei ut drange Bost,
„Holl wiß! un wenn't din Lewen kost't.“
Un lett em Allens ok in Stich,
De olle Maud kihrt doch tauriigg,
Künn Leiw un Fründschaft em nich redden,
Verlet em Minschenmacht hinedden,

Uns' Herrgott, de verlett em nich!
Uns' Herrgott helt vel dusend Hän'n,
Mit de hei kann en Unglück wen'n,
Paßt Fründschaft nich in sinen Plan,
Dücht Minschenleiw em nich wat nütt,
Denn ward dat mit de Bosheit gahn,
De äwer't Mal heräwer schütt. — —
De olle Smädgesell ward bröcht,
Den hellen Trotz up sin Gesicht,
Un wat em ok de Richter frögt,
Hei lüggt! Hei lüggt! —
Den halwen Ring hadd Snut em gewen
Des Dags vörher, as't was gescheihn:
Taufällig hadd hei grad em eben
Ut't Judenhus rut kamen sein.
Hei hadd em beden, em dat uptauhegen,
Doch heimlich, up 'ne korte Tid,
Dat sin Kam'raden dat nich segen:
Hei würd süs gor tau eklich brüdt,
Dat von de Ollsch hei em hadd namen. —
Dat hadd hei dahn, doch as hei't hürt,
Wat Snut för'n gruglich Stück vullführt,
Dunn wir'n em Nahgedanken kamen.
Hei hadd dat in de Irst nich glöwt;
Doch as de ganze Stadt dat säd,
Dat Snut de Mürder wesen ded,

Dunn hadd dat Hart em gruglich bewt;
Dat Ding hadd in de Hand em brennt,
Un ahn Besinnung wir hei rönnt
Un hadd den Ring an't Finster smeten.
Hei wüßt, hei drög 'ne grote Schuld,
Hei hadd dat glik anzeigen sullt,
Un vorför hadd hei jo ok selen;
Doch wull'n de Herren man bedenken,
Dat Snut en Landsmann wesen ded,
En Fründ, de Brauder tau em jär,
Denn würd'n sei em de Straf woll schenken.
Un wen'nt sik tau Jehannen üm: „Jehann,
Kik mi up dit, min Wurt, mal an!
Gestah dat ihrlich, Jehann Snut!
De Wohrheit, de kümmt doch herut;
Un hest Du't ihrlich ingestahn,
Denn ward ok Gnad för Recht ergahn." —
Un't munkelt dörch de Minschenflaut:
„„De Oll is gaud — en ihrlich Blaud! —
Wull nich verraden den Kam'raden —
Brödt leiwerst sülwsten sik in Schaden."" —
Un nah Jehannen wen'n sik de Gesichter,
Un Jeder smitt up em den Stein,
Un Haß un Afschu grullen dörch de Reih'n,
Blot kolt un isig stahn de Richter.
Mit einmal hewt sik still de ein

Un ward den ollen Swörgesellen
Vör en verdecktes Lager stellen. —
En Laken föllt. — „Kennst Du de Fru?" —
Hei kickt sei an, hei prallt taurügg
En Ogenblick, en korten Nu —
„Ne, ne! De Fru, de kenn ik nich!"
Hei preßt de Nägel in de Hän'n,
Hei gnurrscht tausamen mit de Tähnen:
„Ik bün hir frömd, wo süll ik s' ken'n?
Wo süll ik de woll kennen känen?" —
„„Hest Du s' nich vör Din Harbarg sein,
As s' vör Di lag up harten Stein?
Segst Du s' nich in Din Vaderland,
As s' vör Di folgt de swacke Hand?""
Hei smitt en hast'gen Blick up ehr;
De Sal, de dreiht sik üm em her,
De kolle Sweit stött dal de Backen,
'Ne wille Angst, de ward em packen:
„Nu Satan, Satan, stah mi bi!
Kein Tügen sünd hir gegen mi!" —
Noch einmal ritt em Satan rut
Un gütt em Mark in sine Knaken,
Noch einmal ward hei fast em maken:
„Bi Gott, ik kenn s' nich!" röppt hei lud
Un böhrt de Mürderhand tau Höcht
Un swört tau Gott un flucht un seggt:

„Un hew ik 't dän in minen Lewen,
Mag Gott en Wunnerteiken gewen!
Ik swör't bi Gott un Gotteswurt!"
Un kickt dorbi frech üm sik rüm.
Dunn röppt 'ne frömde harte Stimm:

„„De wille Murd! De wille Murd!
Fluch! Dreimal Fluch den willen Mürrer!"" –
Den Faut vörut, as müßt hei furt,
Wid von sik reckt de starren Hän'n,
As müßt hei Geister von sik möten,
Dat Og verglas't, dat Hor in En'n,

Den bleiken Mund langsamen beten,
Nich frech mihr, gruglich antausein,
So stunn hei as en Bild von Stein.
De Blitz hadd drapen!
De ollen Gräwer stunnen apen,
Un Knakenhän'n de winkten raf
Em in sin eigen schurig Graww.
De Stimm, de drähnt em dörch de Uhren,
Un Satan hadd sin Spill verluren;
De Kraft was hen, hei sackt tau Ird:
„De Stimm! De Stimm! De Stimm, de wir't!"
So zischt dat dörch de slaten Tähnen.
„Dat is de Stimm, ik heww sei hürt!"
So ward dat äw're Lippen stähnen.
„Lat los! Lat los! Un mak en En'n!
Ik ded't! Ik ded't! Ik will beken'n!
Ik will beken'n, wat ik verbraken:
'Ne anner Daht noch heww ik dahn,
Den Juden heww ik ok dod slahn!" —
Ut'n Wagel hadd uns' Herrgott spraken.

Krischäning sitt up't Finsterbrett
Un snackt mit sinen Herrn Papa.
„Ja," seggt hei iwrig, „Vadding, ja!
Wenn't süs All sinen Schick man hett,
Denn treck wi furt, wi dhnsen morgen,
Un all uns' Nod un all uns' Sorgen,
De hebbw'n en En'n. Lütt Fiken för: ...." —
Mit einmal höllt hei an un swiggt,
Em lö't, as wenn wer kamen ded;
Hei horkt — „Ja, richtig lö't" — un flüggt
Herunner von dat Finsterbrett
Un set't sik lising unner't Bedd.
De Dör geit up, de Bäcker slickt herin,
Hei halt en Slätel ut de Tasch,
Hei bückt sik dal un lis' un swinn
Slütt hei de Lad up, smitt wat rin,
Dat blinkt un klimpert; wedder rasch
Slütt hei de Lad un brummelt mang de Tähn:
„Du willst abslut jo trecken — schön! —

Du sallst ok trecken; blot de Weg'
Will ik Di wisen. Dicht hir in de Neg',
Up't Rathhus is en stilles Flag,
Dor kannst Du Di denn männ'gen Dag
Ganz in de Still mit Di benemen,
Worüm Du Di nich wullst bequemen." —
Hei geit; un as hei ut de Dör,
Krüppt Krischan unner't Bedd hervör:
„Wat's dit? Wat's dit? Wat hett hei dahn?
Wat hett hei in de Lad rin smeten?" —
De Oll hett in Gedanken seten,
Doch endlich seggt hei: „„Still, Krischan!
Ich muß mal erst mit Muttern reden,
Was sie sich bei der Sache denkt;
Doch merk Dir das: 's steht schlimm mit Jedem,
Dem Satan Silber-Löffel schenkt."" —

De oll Burmeister sitt an sinen Disch:
En grot Packet mit Akten is em frisch
Von Kölln an'n Rhein hüt morgen kamen,
Un mit dat grot Packet tausamen
Is noch en lütt Packeting packt;
Dat nimmt tauirst hei in de Hand,
Un as hei dorvon löst den Band,
Un as hei dat Pappir upknackt,

Dunn liggt en halwen Ring dorin.
„Wat dausend," seggt hei, „kann dat sin?"
Hei nimmt dat Aktenbund, hei lest un lest,
Hei treckt sin Ogenbran tausamen:
„Herrgott, wat hir verbraken west,
Möt wid von hir herute kamen!"
Un wider lest hei, ängstlich wider:
„Un nu tau Dag' nah so vel Johr!
'Ne Murddaht hir, 'ne Murddaht dor!
Un ut uns' Stadt twei so'ne Mürder!"
Hei lest dat Aktenband tau En'n
Un leggt den Kopp in sine Hän'n
Un sinnt un sinnt: „Wo is dat möglich!
Un so en Mann, mit den ik däglich,
Wenn ok nich girn, tau daun hewwt hatt,
De rikste Börger in de Stadt
Geiht frech herüm mit so'ne Schuld?" —
Dat kloppt. — „Herein!" röppt de Burmeister,
Un rinne tredd de Bäckermeister.
De oll Herr flüggt vör Schreck in En'n,
As wenn em hadd 'ne Adder staken,
As hadd hei sülwsten wat verbraken;
Hei deckt up't Aktenband de Hän'n
Un steckt den Ring so hastig furt,
As hadd hei sülwst begahn den Murd.
„Wat will'n Sei?" röppt hei em entgegen. —

„„Herr,““ seggt de Bäcker, „„dit's 'ne Sak,
Ik hadd s' ut Gaudheit girn verswegen,
Doch up de Letzt kümmt s' doch tau Sprak.
Seln S', Herr, min Mäten will hüt trecken,
Un as ik dat Geschirr nahsei,
Dunn fehlen mi tau minen Schrecken
Von mine sülwern Lepel twei.
De Dirn, de hett sei — annerš Keiner! —
Nu wull I Sei bidden üm en Deiner,
Dat de mal eins ganz in de Still
In ehren Kuffert nahseln süll.““ —
De oll Herr hett sik sat't: „Dat sall gescheih,
Doch will ik sülwst de Lad nahsein,
Un ok en Rathsherrn nem ik mit.“ —

Na, dat geschüht, un as sei kamen,
Dunn steit lütt Fiken un oll Smidt
In grot Verlegenheit tausamen.
„Wat sall dit sin? — Wat hett dit All? —
Worüm sei woll nich trecken sall? —
Wat bringt de Bäcker dat Gericht?“ —
Des' Fragen stahn up ehr Gesicht;
Sei kickt den Vader ängstlich an.
Dann kümmt de oll Burmeister ran:
„„Min Döchting, slut Din Lad mal open!““ —
„Min Lad? Min Lad? Wat is? Wat is?“

Un höllt sik an den Vader wiß
Un steit, as hadd de Blitz sei drapen. —
„„Wat?““ fohrt oll Vader Sinlot tau Höcht,
„„Wer hett tau so en Stück en Recht?
Wer seggt hir wat up mine Dirn?
Wer will mi hir min Kind schandir'n?““ —
Nich länger kann de Bäcker hollen
Den Gift, de in em gährt un kalt,
Hei snauzt ingrimmig an den Ollen:
„Man upgemakt! Man upgemakt!
Man mit min sülwern Lepel rut!“ —
„„Wat Lepel?““ röppt de Oll in Wuth;
Em äwerlöppt dat kolt un heit —
„„Je so! — Je so! — Ik weit Bescheid! —
Dirn! rut den Slätel!““ röppt hei basch
Un ritt den Slätel ut ehr Tasch:
„„Hir is 't, Herr! Nu säuken S' man!““
Un treckt mit Fik an't Finster ran
Un wen'nt sik af un kickt nah buten. —

Vör't Finster sitt uns Jochen Spatz,
Kickt niglich dörch de Finsterruten
Un röppt herin: „Krischan, tau Platz! —
Nu torr den einen Flicken von den Rock
En beten in de Stuw, min Kind,
Un wenn sei den wohr werden sünd,

Denn treck den tweiten ut dat Lock.“ — —
De Lad is up. — Unkünnig Hän'n,
De sünd dorbi un dreihn un wen'n
Dat beten Armuth üm un dümm
Un fligen in de Lad herüm. —
De oll Burmeister kickt den Bäcker an,
Wohrschugt sin Og un sin Gesicht
Un süht, dat drup en Freuen liggt,
Wat knapp hei unnerdrücken kann,
Un dorbi kickt hei blot nah ein bestimmtes Flag. —
Noch heww'n sei nicks Verdächtigs funnen,
Doch dor, wohen de Bäcker kickt, bet unnen,
Dor kam'n de Lepel an den Dag.
„„Dor sünd s'!““ seggt Ein, un Allens swiggt. —
Oll Smidt, de kickt sik hastig üm,
Den blassen Dod in sin Gesicht:
„Dor sünd s'!“ seggt hei mit swacke Stimm,
Sin Ogen fleigen hen un her,
Dal up dat Bedd hen sackt hei swer:
„Un Du? Un Du hest mi dat dahn?
Hest dat von Dine Öllern lihrt?“ —
Un ach, dat Kind, dat sackt tau Ird,
Dat sleit de Arm em üm de Knei,
Dat win'nt sik in sin Ach un Wei:
„„Ne, Vader, ne! Ik heww't nich dahn!““
Un ritt sin welke Hand heran

An't kranke Hart un tickt em an:
„„Ik kann vör Di un Gott bestahn!““
Un süht sin stummes, bleik Gesicht,
Schriggt up un springt tau Höcht un flüggt
Wild up den oll'n Burmeister los:

„„Herr, Herr, min Vader! Seggen S' blos
Ein einzig Wurt tau minen Vadern!““
Ehr Og', dat starrt, un swack un swäcker
Flütt ehr dat Blaud dörch ehre Adern,
Dunn dreiht s' sik üm un süht den Bäcker:
„„Dei! Dei!““ Un prallt von em tarügg,
„„Furt! furt von em! Man desen nich!““ —

De oll Burmeister trett heran
Un tröst't oll Smidten wat hei kann,
Un redt em an mit christlich Würd'
Un böhrt dat Mäten von de Ird
Un föt't den Ollen sine Hand
Un ward em sacht tau Höchten tein:
„Hei is as ihrlich mi bekannt,
Un mit Sin Kind ward sik dat reih'n."
De Oll, de richt't sik von dat Bedd,
Dat arme Worm von Mäten hett
Den Arm em üm den Nacken slahn:
„Ne," seggt hei still, „dat künn S' nich daun!"
Sei ward an sinen Harten raun,
Un up em föllt ehr heite Thran:
„Ne," seggt hei fast, „sei het't nich dahn!" —

Wil deß de Vader un sin Kind
In still Verdragen wedder sünd,
Hett de Herr Rathsherr in de Lad rüm wäult
Un'n Hümpel Flicken rute säult —
De Herr Senator was en Snider. —
„Herr," seggt hei, „sein wi doch mal wider!
Sein S' hir mal desen Hümpel Flicken,
Von'n Mannsrock sünd s' — ik sel dat an den Kragen —
Dat Dauk is gaud un is noch wenig dragen,
Un doch de Rock in dusend Stücken,

As hadden Müs' intwei em gnagt,
Un ganz vull Schimmel un vull Stock!
Wo kümmt dat Mäken tau den Rock?" —
Lütt Fik ward fragt. —
Hir in ehr Kamer hadden s' legen.
Woneben denn? — Je, allentwegen;
Doch hadd sei s' meistentid vor unnen,
Bi'n Aben hen un achter'n Aben funnen. —
De oll Burmeister kickt sei an
Un schüdd't den Kopp: „Min Kind, dat kann
Ik nich recht glöwen. — Möst de Wohrheit seggen! —
Wer süll hir hen de Flicken leggen?" —
Wil deß hett de Herr Rathsherr Stück för Stück
So gaud dat geit tausamen leggt,
Un as hei dormit is tau Schick,
Wis't hei en Kragen vör un seggt:
„„Herr, sein Sei blot mal desen Kragen!
De Kragen is nah olle Mod',
As hei vör twintig Johr würd dragen,
Up Stun'ns is hei nich halw so grot."" —
De oll Burmeister steit in Sinnen:
En brunen Rock? — Vör twintig Johr? —
De süll sik hüt irst wedder finnen? —
Ne, dat's nich möglich! Gott bewohr! —
Hei kickt den Bäcker an; de steit,
As wenn em vör sin stiren Ogen

De swarten Schatten ruppe togen,
As wenn't üm em sik rögen deit. —
Unheimlich is't. — Kein Wurt, kein Lut,
Bet de oll Herr trett ranne an de Lad:
„Kramt Allens ut de Lad mal rut!“
Un as sei dormit fünd parat,
Dunn bückt de Deiner sik hendal
Un halt noch wat: „„Herr, sein Sei mal
Dit blanke Stück! 'T is von en Ring.““
De oll Burmeister nimmt dat Ding:
Herr Gott, wo 's't möglich! — Wo kann dat geschein?
Hei hett dat Stück jo eben sein,
Dat liggt jo noch bi sine Akten!
Wat heit dit All? Geschein hir Wunner?
Hei stunn verdutzt; de Hän'n de sackten
Em rathlos an den Liw herunner,
Dunn schüt't em dägern dörch den Sinn:
De anner Hälft möt dit hir sin! —
Hei höllt't den Bäcker vör: „Herr, ken'n Sei't nich?“ —
De Bäcker nimmt't in Ogenschin,
Sin olle Jatung lihrt taurügg,
Em is't jo nich vör Ogen kamen:
„„Ne, Herr, dat Stück, dat is nich min,
Dat hett sel woll woanners namen.““ —
De oll Burmeister wen'nt sik an dat Mäken:
„Wo kümmt dit in Din Lad herin?“ —

Sei stähnt un rohrt: ehr dee't nich sin!
Un hett dunn stumm in Thranen seten.
Hir is kein Utkunft nich tou finnen,
Hir helpt kein Fragen un kein Sinnen,
Un as sei nu so rathlos stahn,
Röppt Spatz von buten: „Tau, Krischan!
Nu mal Din Stück! Nu 's't Tid! Nu 's't Tid!"
Krischäning krüppt herut un süht
En Flicken nah den Aben hen,
Un de Herr Rathsherr, de dit süht,
Röppt: „Herr, dit is doch wunnerbor!
Seihn S' blot den brunen Flicken dor!
De wi hewwn'n fun'n, de ligg'n hir alltausamen,
Ik läd sei all hir up den Disch;
Nah'n Aben sünd wi gor nich kamen;
Nu liggt dor wedder ein up't Frisch,
En lütten Vagel spelt dormit."
Un as hei sik dornah word bücken,
Ward Krischan hei gewohr, de achter'n Aben sitt
Un ut dat Muslock treckt en nigen Flicken.
„Herr," röppt hei, „Herr, hir is noch ein,
Ik heww dat eben dütlich sein,
De Vagel tog ein ut dat Muslock rut."
Herrgott! Wo süht de Bäcker ut!
Hei möt sik an de Wand anlehnen;
Em früst, hei klappert mit de Tähnen,

Un doch stellt em in groten Druppen
De blanke Sweit in't Angesicht.
Em fallen von dat Og de Schuppen,
Hei süht sin Daht in frischen Licht.
De oll Burmeister fött em an
Un schüddelt em: „Wat heit dit, Mann?
Wat geit hir vör? Wat deit Sei fehlen?
Wat liggt hir unner Ehre Delen?"
Hei kickt so schu üm sik herüm,
Hei murmelt wat: em würd so slimm,
Un will herute ut de Dör.
„Hollt!" röppt de Oll, „rut kümmt hir Keiner!"
Trett in den Weg em, röppt den Deiner:
„Mal Timmerlüd un Dischers her!" — —

De kamen denn ok nah en Beten.
„De Delen hir mal upgereten!
Hir bi dat Muslock fangt mal an!"
Na, dat geschüht. — „„Herr,"" seggt de Ein,
„„So vel as ik taxiren kann,
So sünd s' all mal eins upmakt west."" —
„Man wider tau! — Wat liggt dor un'n?"
Un — süh! — 'ne bunte, siden West
Un'n halwen brunen Rock ward fun'n. —
Irnst wenn't de olle Herr sik af
Un geit nah Smidten ran un gaw

Em tru de Hand: „Min leiwe Smidt,
Gah Hei nah Hus! Dat reih't sik All.
Hüt kann Sin Dochter noch nich mit,
Doch as ik hoff, folgt sei Em ball —
Un Du, min Kind, Du brukst Di nich tau grämen,
Ik weit gewiß, Din Hand is rein,
Ik sülwst will Di in Obacht nemen,
Du sollst bi mi im Deinsten sein."
Un wenn't sik von dat Mäken furt
Den Bäcker tau, de bäwernd swiggt,
Un seggt mit düstern Angesicht:
„Un Sei verhaft ik wegen Mord!" — —

27.

Wohen? wohen?" — „„Kumm mit! kumm mit!
Dit ward mal 'ne Häg', 'ne Lust ward dit!
Wat sittst Du hir, wat lurst Du hir?
Bi Sparlings is wedder mal Kindelbir."" —
„Ne, ne! Ik gah nich in de Stadt;
'Ne trurige, knäglche Lust is dat:
An'n irsten Mai, wenn Allens gräun,
Mag de Kukuk in steinerne Muren sein!" —
„„Du narsche Kiwitt, Du dumme Gast!
Sei wahnen jo wedder in ehren Knast,
In ehre Wid, dicht an den Dik,
Wo Hanne drömte von sin lütt Fik.""
„Na, denn man tau! — Hei Nachtigal! —
Hei Draußel! — Un ji Annern all!
Heran! Heran mit alle Mann!
Wer danzen un wer singen kann,
De sall up gräune Maien
An uns're Köst sik freuen!" —

Un all de lütten flinken Gäst,
De trecken nah dat Sparlingsnest,
Un Kindelbiersvadding steit stolz vör de Dör,
Hett reine Vadermürder vör;
Sin brune Snipel sitt so glatt,
As hadd de Bull em lickt,
Un orndlich vörnehm lett em dat,
Wenn mit den Kopp hei nickt:
„„Willkommen, ihr Freunde, willkommen! — Indeß
Wird heut mir die Einrichtung schwer!
Wo nehm' ich woll all die Gevattern her?
Denn ditmal sünd't wedder mal söß.““ —
Un Allens lacht, un Allens singt,
Un Allens danzt, un Allens springt;
De oll Herr sülwst, de Adebor,
Steit hüt nich up den einen Bein,
Vergett sin Würd hüt ganz un gor
Un stellt sik lustig in de Reih'n
Un danzt henup un danzt henäwer,
En Schottischen dörch den gräunen Klewer.
Uns' Herrgott kickt ut't Finster rut
Un lacht un seggt: „Nu kik doch mal!
Hüt süht't up Irden lustig ut,
De Philosophen danzen all;
Un is't ok man up knickrig Bein,
Is't doch plesirlich antausehn.“

Un as sei All ut Pust un Athen,
Ward Jochen eine Red' loslaten,
Hei pust sik up un seggt: „Geliebten Gäste,
Ihr meint, Ihr seid auf Kindelbir?
Nein, dieses nicht! — Heut seid Ihr hier
Auf einem Volks- und Jubelfeste.
Ja, Freunde, es ist uns gelungen,
Wir ha'n die Beiden durchgedrungen
Durch alle Fährlichkeit un Noth!
Doch Einer ist in uns'rer Mitten" —
Hir höll hei an, hir würd hei rod —
„Der hat am meisten für das Paar gelitten,
Am meisten hat er sich geplagt —"
Un Allens kickt sik üm un fragt:
„„De Aderbork de Nachtigal?"" —
Un Jochen sleit de Ogen dal
Un grifflacht vör sik hen bescheiden:
„Ja, leiwen Frün'n, ik was't, ik was't
Ik drog de allerswönnste Last,
Un ik verfrig denn ok de Beiden." —
Uns' Herrgott lacht: „Je, du Hans Quast!
Na, freu' di man in dine Wichtigkeit!
De Minschen maken't noch vel slimmer:
Wenn so en Narr taufällig Gaudes deit,
Denn prahlt hei drist, denn glöwt hei ümmer,
Dat hei dat ut sik sülwen hett,

Un hadd 'k em mit de Näs' upstött." —
As Spatz dat Wurt nu wedder afnimmt,
Kümmt Wepstart an: „Sei kümmt! sei kümmt!" —
Un Fiken kümmt den Weg hendal
Un treit herute ut den Holt,
Un up ehr fällt en Sünnenstrahl
Un lücht üm ehr as luter Gold.
Ehr brunes Og, dat kickt so sacht
Un doch so sinnig un bedacht,
Ehr weike Back is rod un frisch,
As dunn, as sei spelte up gräune Wisch,
Un, rank un slank de vullen Glider,
Geit sei mit frohen Harten wider.
Un as sei kümmt an unse Wid,
Set't sei sik in den Schatten dal
Un äwerdenkt vergah'ne Tid.
Verwun'n is all de Angst un Qual,
Vöräwergahn dat Ach un Wei. —
Sei folgt de Hän'n up ehre Knei
Un kickt in't schöne Land herin. —
Ach, wenn doch Ein ehr seggen künn,
Dat All dat, wat s' in düstern Stun'n
In stillen Harten heimlich spun'n,
Mal kem so herrlich an de Sünn,
As dese klore Frühjohrsdag,
De golden vör ehr Ogen lag!

So sitt s' un sinnt vergah'ne Ding'n,
Un Hoffnung spinnt den Faden wider,
Un üm ehr rümmer is't en Kling'n,
En Jubeln is't von Vogellider;
Un ut den Holt, dor klingt 'ne Fläut,
De Droußel is't, sei singt so säut:
„Hir geit 'e hen, hir kümmt 'e an!
Hei güng as Burs, hei kümmt as Mann,
Hei höll in Leiw tru tau di ut,
Nu is hei din, du leiwe Brut."
Un ut den Holt kümmt stramm un strack
En Mann herut mit brune Back,
De kickt sik üm so klor un wiß;
Un as hei't Og herümmer sleit,
Dunn seggt hei: „'T is noch so as süs."
Un as hei'n Beten wider geit,
Dunn seggt hei irnst: „Hir is dat Flag,
Hir heww ik swuren an jennen Dag.
Höll ik min Wurt?"
Deip in Gedanken geit hei furt.
So kümmt hei an de olle Wid,
Un as hei dor tau Höchten süht,
Dunn süht hei sitten en Mäten dor,
De Sünnenstrahl spelt im dat kruse Hor,
Ehr Hän'n sünd folgt up ehre Knei,
Wid kickt sei in't gräune Land herin;

Dunn ward't em in'n Harten so woll un so wei:
Dat is sei! dat is sei! Dat möt sei sin!
„Lütt Fiken, lütt Pudel! Ik bün't, ik bün't!“
Un hell tau Höchten flüggt dat Kind —

En Ogenblick — un weik un warm
Liggt sei in sinen starken Arm,
Un weik un warm fött hei sei rund
Un küßt sei up den roden Mund,

Un weik un warm singt Nachtigal
Dat Brutleed röwer von den Dik.
Uns' Herrgott kickt von baben dal:
„„Kumm Hanner rup, kumm rup lütt Fik!
Un is de Ird ok noch so gräun,
Un schint de Sünn ok noch so klor,
För so'ne Lust, för so en Freu'n
Is't düster doch! Kamt in den Hewen,
Ik will jug sülwst de Hochtid gewen."" — —

Un as Jehannesdag kamen was,
Dunn würd up Irren de Hochtid hollen;
Hell klüngen Vigelin un Baß,
Un Klarenett is rinne fellen.
Vör Snuten Hus' geit't lustig her,
De Gören drängen sik an de Dör;
Oll Smidtsch ehr Nägen alltausamen,
De springen herümmer mit Nöching Frahmen
Un Schulten-Gusten. „Kikt!" röppt lütt Luten,
„Kikt, Gören, kikt! hüt heww wi Stuten!"
Un höllt en Stuten hoch in En'n
Un höllt em wiß mit beide Hän'n.
Un Hinning röppt: „„Nu kamen s' rut!
Hurrah! Uns' Pudel is hüt Brut!"" —
Un as de Dag tau Kirchen geit,

Dunn spelen Klarenett un Fläut,
Un Allens drängt sik mit herin,
Un still un stiller ward dat sin.
Lütt Fiken steit wedder an den Altor;
De Sünnenstrahl spelt in ehr kruses Hor,
Liggt golden up ehren Ihren-Kranz
Un schint in dat Hart mit den seligsten Glanz;
Un vör ehr steit so irnst un wiß,
Wat nu ehr Ein un Allens is,
Un drückt de Hand ehr tru un fast:
Ik drag' för Di de Lewenslast.
Un de Herr Paster spreckt den Segen,
Un vör em sitt oll Mutter Snutsch
Un weint in ehren Blaumenstruß,
Un Smidtsch möt ok ehr Ogen drögen;
Un Vader Smidt un Meister Snut,
De sehn so wiß un isern ut,
Un Meister Snut seggt: „Vadder Smidt,
Kumm mit! Ik gah in mine Smäd,
Ik weit nich, wat hüt in mi sitt;
Is dat den Preister sine Red,
Is dat dat Glück von uns're Kinner;
Kumm mit mi in de Smäd herinner!" —
Un as de schöne Tru is ut,
Un as dat Por kümmt rut nah buten,
Dunn kümmt de Köster ran: „Herr Snut,

Un Sie auch, werthste Madame Snuten,
Gott segne Ihnen alle Zeit!
Ich hab' mir hellschen heut gefreut,
Daß sie taulezt sich doch gekriggt."
Un kickt sik üm nah Schulten-Gusten:
„Das merke Dir, Du Bösewicht!
Worum kriggt Hanne sik un Fiken?
Dorum, weil sie Ihr ümmer wußten.
Bestrebe Dir darnach, sie drin zu gliken!"
Un wen'nt sik ärgerlich von em: „Doch Du!
Du kriggst meindag' kein orndlich Fru!" —
As nu de Köst in vullen Gang'n,
Sitt Jochen up den Schostein baben:
„„Frau,"" seggt hei, „„mich soll doch verlang'n,
Ob Alle uns vergessen haben.
Es riecht hier ganz famos nach Kuchen.
Sie könnten uns für uns're Müh'
Ein bischen zu belohnen suchen.
Wir haben's wohl verdient um sie.""
Doch Lott, de seggt: „„Wat hir, wat dor!
Jehann un Fiken sünd en Por;
Un wat wi wullen is geschein,
Nu will'n w' uns recht von Harten freu'n.
Nu Olling, ran! Drag Halm un Fedder!
Wi bugen en niges Nest uns wedder.
Hir will'n wi wahnen, un sallst mal sein,

Hir ward uns Keiner dat Nest utrei'n;
In desen Hus' litt Keiner Not,
Hir fin'nt en Jeder sin däglich Brod;
Un föllt de Winter hart uns sihr,
Denn hewwen wi so Krischäning hir;
Hir will'n wi lewen in Fred un Rauh.
Nu, Jochen! nu drag flitig tau."" —
Un as de Köst tau En'n is gahn,
Steiht still an den Heben de vulle Man
Un gütt sin Licht up Barg un Dal,
Dunn singt in den Goren de Nachtigal;
Sei singt von de twei Beiden,
Von nimmer, nimmer Scheiden,
Von Leiw un Tru un Seligkeit,
Von't Glück an'n eig'nen Hird:
Wat Jeder ahnt un Keiner weit,
Dorvon giwwt Nachtigal Bescheid;
En schönes Singen wir't! —
Un as de Treckeltid is dor,
Un as dat Kurn tau Fack,
Dunn stellt sik uns' Fründ Adebor
Bi Snuten up dat Dack.
Wat will de kaiderbeinig Gast?
Wat stellt hei sik dorhen?
Worüm up Snuten sine Fast?
Seggt mal, wat will hei denn?

Hei stellt sik up den einen Bein,
Kickt in den Schostein raf,
Up de Ort kann hei beter sein,
Ob't der wat Niges gaw.
Un as hei sein, wat der passirt,
Dunn seggt hei: „So is dit!
Adjüs! Wenn't Frühjohr werder kümt,
Denn bring' ik Jug wat mit.
Paßt up! Dat sall vör Allen
Großmutter Snutsch gefallen."

Worterklärungen.

Aben, Osten.

Abenddak, Abendthau. Wenn sich der Thau auf die Gewächse in Tropfenform niedergeschlagen hat, heißt er: Dau; wenn er noch als Nebel in der Luft schwimmt: Dak.

achter, hinter, hinten.

Achterdeil, Hintertheil.

Adder, Natter, Kreuzotter.

Aderbor, Storch.

adjü und adjüs, Adieu.

Ext, Axt.

af, ab, von; af un an, ab und zu.

afmaken, abmachen.

sik afmarachen, sich körperlich abquälen, meistens mit dem Nebenbegriff vergeblich.

Afschu, Abscheu.

afsid, abseits.

afstäweln, abstiefeln.

aftellen, abzählen.

ahn, ohne.

akkrat mit der komischen Verlängerung und Verstärkung „akkeriaurat", accurat.

all heißt als Adverbium gebraucht immer: schon.

alltauwid, allzuweit.

ampeln, mit Händen und Füßen nach etwas trachten.

andaun, anthun.

andreien, andrehen.

angellen, angeben.

Ann'meriken, Eigenn. Anna Marie.

ansein, ansehen.

äten, essen.

Arben, Erben.

Armaud, Armuth.

arwen, erben.

Arwten, Erbsen; Arwtenbedd, Erbsenbeet.

as, als.

Athen, Athem.

Aust, Ernte; austen, ernten.

Avkat, Advocat.

äwel, übel.

äwer, über.

äwerdüstig, überdrüssig, hochfahrend.

äwergaten, übergossen.

äwerlopen, überlaufen.

äwerst, aber.

baben, oben; von baben dal, von oben herab.

Bähn, Boden.
Bäk, Bach.
Bänk, Bank.
Barg, Berg; barghendal, bergab.
Bark, Birke.
barsch, barsch.
basten, bersten.
Bauk, Buch.
Bäuk, Buche.
bäwern, zittern.
Beddstäd, Bettstelle.
beden, bieten.
bedräuwen, betrüben.
bedreigen, betrügen; bedrög, betrog; bedragen, betrogen.
Bedüdung, Bedeutung.
begahn, begehen.
behacken bliwen, stecken bleiben.
beiden, bieten; böd, bot; baden, geboten.
Belligen, Belgien.
bet, bis; auch mehr, weiter.
en beten, auch en bitschen, ein bischen.
beter, besser.
betsch, bissig.
Bessen, Besen; Bessenris', Besenreiser.
bewen, beben; Bewer, Schauder.
bi, bei; bi Weg lang, beiläufig, dann und wann.
bidden, bitten; bed, bat; beden, gebeten.
biher, nebenbei.
Bil, Beil.
bi Liw nich, bei Leibe nicht.
binnen, drinnen.
binnen, binden; bünn, band; bunnen, gebunden.
Bisterniß, Verirrung, Irrthum.
bistrig, verwirrt.
Bistür, Beisteuer.
biten, beißen; bet, biß; beten, gebissen.
blag, blau.
blag Oeschen, blau Äugelein, Leberblume.
blau machen sc. Montag, d. h. feiern.
Blaud, Blut; bläudig, blutig.
bläuden, bluten; blödd, blutete; blött, geblutet.
Blaum, Blume; Blaumenstruz, Blumenstrauß.
bläun, blühen.
bläustrig, erhitzt, aufgedunsen.
bleik, bleich.
bligrag, bleigrau.
blink un blank, Verstärkung für blank.
bliwen, bleiben; blew, blieb; blewen, geblieben.
blot, blos.
bögen, biegen; bögt, bog; bagen, gebogen.
böhren, heben.
Bom, Baum; plur. Böm.
bömen, bäumen.
Bork, Rinde.
bossig, erbost.
Bost, Brust.
Botter, Butter.
Botting, Butterbrod.
Bramborg, Brandenburg, Stadt in Mecklenburg.
Branwin, Branntwein.
Branen, Augenbrauen.
bräuden, brüten; brödd, brütete; brött, gebrütet.

Brauder, Bruder; Bräuding, Brüderchen.
Breiw, Brief.
breken, brechen; brök, brach; braken, gebrochen.
Brud, Braut.
brüden, necken, foppen.
Brügg, Brücke.
Brüjam, Bräutigam.
bruken, brauchen.
Brummelbeernbusch, Brombeerstrauch.
Brümmer, Schmeißfliege.
brun, braun.
brusen, brausen.
Büdel, Beutel.
bugen, bauen.
Bülgen, Wellen.
Bur, Bauer: Burenwiw, Bauernweib.
Burd, Borte, Rand, Ufer.
Burmeister, Bürgermeister.
burren, fliegen.
Burs, Bursche.
Bussen, Busen. Verbum „bussen", von kleinen Kindern gebraucht; „in den Slap bussen", d. h. sie beschwichtigen.
buten, draußen.
bütelst, äußerst.
Butendör, Außenthür.
Büx, Hose.

Dag, Tag.
Däg, Schick; sinen Däg hewwen: in Ordnung sein.
dägen, taugen; döggt, taugte, getaugt.
dägern, plötzlich. — Wird nur mit dem Verbum „verfiern, erschrecken" gebraucht.
dägt, tüchtig, derb.
Daht, That.
Dack, Dach.
Dal, s. Abenddal.
Dal, Thal.
dal, nieder.
Däl (auch Del), Diele, Hausflur; Dälensillen, Quadersteine in der Hausflur.
Darr, trockne Fieberhitze; auch eine Krankheit der Singvögel.
däsen, sümmer, sich ohne Zweck und Nachdenken herumtreiben.
dau, du; nur beim Anruf gebraucht.
Dau, Thau.
Dauk, Tuch; plur. Däuker.
daun, thun; deit, thut; ded, that; dahn, gethan.
dei, der.
Deigap, Teigaffe. Schimpfwort für die Bäcker.
Deil, Theil.
deinen, dienen; Deiner, Diener; Deinst, Dienst.
deip, tief.
des', dieser.
dickdaun, dickthun, prahlen.
Dik, Teich.
Diern, Dirne (durchaus ohne übeln Nebenbegriff) Mädchen; dimin. Dirning.
Dirt, Thier.
Disch, Tisch: Discher, Tischler.
Dochter, Tochter; dimin. Döchting.
Dod, Tod; dod, todt.
Döp, Taufe.
döpen, taufen; döfft, taufte, getauft.
dor, da.
Dör, Thür.

dörben, dürfen; dörft, durfte, gedurft.
dormang, dazwischen.
Dörp, Dorf; dörphenin, dorfeinwärts.
dorup, darauf.
dörtig, dreißig.
dorwedder, dawider.
döstig, durstig.
so drad, sobald.
drägen, tragen; drog, trug; dragen, getragen.
drähnen, dröhnen.
drall, rund, etwa wie gedrechselt.
dränen, albern schwatzen, langweilig erzählen.
drang, eng, bedrängt.
drapen, treffen; drep, traf; drapen, in manchen Gegenden truffen, getroffen.
Draussel, Drossel.
dreien, drehen.
Dreiguner, Dragoner.
driwen, treiben; drew, trieb; drewen, getrieben.
Driwwel, treibende Unruhe.
Driwwt, Trift.
drög, trocken.
Drom, Traum; drömen, träumen.
drüdd, dritte.
Druppen, Tropfen; druppwis', tropfenweise.
Drus', Halbschlaf; drusen, schlummern.
drüttein, dreizehn.
düchten, deuchten.
duken, tauchen; sik duken, sich verbergen.
dull, toll; den Dullen hewwen, übel gelaunt sein.
Dum, Daumen.
Dümpel, Pfütze.
dun, betrunken.
dunn, dann, da.
Dur, Thor; auch Dauer.
dür, theuer.
duren, dauern.
Dürten, Durtig, Eigenn. Doris.
Durweg, Thorweg.
dusend, tausend.
düster, dunkel.
düdlich, deutlich.
Duw, Taube.
Düwel, Teufel.
dwas, dwaslings, quer, querlings.
Dwasliker, Schielauge.
dwatsch, dumm, albern.
dynsen, umziehen. In Mecklenburg ziehen die Dienstboten am Dienstags-Tage (Dyns-Tage); daher das Verbum dynsen.

echter Johr, nächstes Jahr.
ehr, ihr.
eien, liebkosen. Wird hauptsächlich von Wärterinnen gebraucht, die durch streicheln und „ei" sagen die Kinder beruhigen.
Eikbom, Eichbaum.
em (an en), ihm, ihn.
in En'n, in die Höhe.
entsahmt, einsam.
entsluten, entschlossen.
eten, essen.

Fack, Fach; Fäker, Fächer.
falsch wird häufig für ärgerlich gebraucht.
farig, fertig.
Farken, Ferkel.

fast, fest.

Fast, Fürst.

faten, fassen; fät, faßte; fat't, gefaßt.

Fat, Griff, Fang.

Fatt, Faß.

Fatung, Fassung.

födern, füttern, groß ziehen; född, fütterte; fött, gefüttert.

Foder, Futter.

Föder, Fuder.

Fog', Fuge.

föhlen, fühlen.

Fot, Fuß.

Fell'n, up den, auf dem Felde.

Fewer, Fieber; koll Fewer, kaltes Fieber.

Fiken, Eigenn. Sophie.

fin'n, finden; fünn, fand; fun'n, gefunden.

Finster, Fenster; Finsterlucht, Fensterladen; Finsterruten, Fensterscheiben.

Firbars, Feierbursche, d. h. ein Geselle ohne Arbeit. Man nennt diese Art Leute auch Strohmer.

Firn, Ferne.

fital, fatal.

fiw, fünf.

fix, schnell.

Flag, Fleck, Stelle; plur. Fläg'.

Flapp, Volksausdruck für breites Maul.

Fläut, Flöte, Pfeife.

fläuten, flöten; fläuten gahn, verloren gehen, abgehen, sich entfernen.

Fleig', Fliege.

fleigen, fliegen; flüggt, fliegt; flög, flog; flagen, geflogen.

fleiten, fließen; flütt, fließt; flöt, floß; flaten, geflossen.

fligen, wählen.

Flit, Fleiß; flitig, fleißig.

flirschen, von jeder raschen Bewegung gebraucht, die Jemandem den Gegenstand aus den Augen oder Händen bringt.

Flücht, Flügel; es wird auch das Plurale Flunken dafür gebraucht.

föftein, fünfzehn.

folgen, folgen.

för, für, vor.

förfötsch, eigentlich Fuß für Fuß, d. h. ohne sich aufzuhalten weiter.

fram, fromm.

Freden, Friede

freten, fressen.

fri, frei.

frigen, freien, heirathen.

Frigeri (auch Frigeratschon), Heirathsangelegenheiten.

Fru, Frau; Fruggenslüd, Frauensleute.

Fründ, Freund.

früst, friert.

führen, fahren.

fummeln, unverständliche und unerklärliche Bewegungen, namentlich mit der Hand.

Für, Feuer; Fürhird, Feuerheerd.

furt, fort.

Fust, Faust.

gadlich, ziemlich groß.

gahn, gehen; geiht, geht; güng, ging; gahn, gegangen.

Gant, Gänserich.

gaud, gut; Gaud, Gut.

Gaus, Gans; plur. Gäus'.
sik gebirden, sich geberden.
gefährlich, grausam, höllisch und ähnliche Wörter gelten im Volksmunde als Verstärkungen.
Gefäul, Gefühl.
geiten, gießen; gütt, gießt; göt, goß; gaten, gegossen.
Geklähn, Gerede, Geschwätz.
gel, gelb.
Gelgaus, Gelbgans, Goldammer.
gellen, gelten; gellt, galt; gullen, gegolten.
gentäwer, gegenüber.
Gerohr, Geweihe.
geschei'n, geschehen.
getacht, gestaltet.
Gewarw, Gewerbe, Bestellung.
gewen, geben; gew und gaw, gab; gewen, gegeben.
girn, gern.
Girrwel, heftiges Verlangen.
Glast, Schein.
glau, frisch, munter.
gläuen, glühen; gläugnig, glühend; Glaut, Gluth.
gliden, gleiten; gled, glitt; gleden, geglitten.
glik, gleich, sogleich.
gliken, gleichen.
glöwen, glauben; Glow, Glaube.
glupen, glotzen.
gnagen, nagen.
gnäglich, verdrießlich.
gnurschen, knirschen.
Goren, Garten; Gorenbed, Gartenbeete; Gorenpurt, Gartenpforte; Gorentun, Gartenzaun.
Gör, Kind; plur. Gören; wird vorzugsweise von Mädchen gebraucht.
görig, kindisch.
Gössel, junge Gänse; Gösseltid, Zeit der jungen Gänse.
Gotts! als Ausruf für Gott.
Gräfniß, Begräbniß.
grag, grau.
Gragen, Grauen; Morgengragen, Morgengrauen.
grälen, unschön singen; vom Froschgesang vorzugsweise gebraucht.
gräsen, Verstärkung von grauen.
Grats von Grat: Schneide an einer Klinge; auch Zug, Erfolg.
gräun, grün.
Graww, Grab.
grawweln, hin- und hergreifen.
grell wird auch für schnell gesetzt.
gries, grau; gries-grag zusammengestellt gilt als Scheltwort, z. B. de olle gries-grage Kirl (Kerl), de olle grise-grage Sög (Sau).
grifflachen, heimlich lachen.
gripen, greifen, fassen; grep, griff; grepen, gegriffen.
grow, grob.
grugen, grauen; gruglich, gräulich; Grugel, Grauen.
grullen, grollen.
Grütt, Grütze.
gäusen, füttern.
Gust, Eigenn. August.

hacken, hängen, sitzen.
Häg', Freude; högen, freuen; häglich, vergnügt.

Hakelwark ist eine eigenthümliche, aus Reisern construirte Umzäunung.

halen, holen.

Hamel, Hammel; wird auch der Schmutzsaum an Frauenröcken genannt.

Hamer, Hammer.

Hanne (Hanner), Eigenn. dimin. von Johann.

Hanschen, Handschuhe.

Happen, Bissen.

Harbarg, Herberge.

Hart, Herz.

hartlich, kräftig, dauerhaft.

Harwst, Herbst.

Hau, Hieb.

Haud, Heerde.

häuden, hüten.

Häukendräger, Manteldreher, Schmeichler.

Haun, Huhn; Häunken, Hühnchen.

Haut, Hut.

Hawergarw, Hafergarbe.

Häwk, Habicht.

Heben, Himmel.

hei, er; hei und sei (er und sie) wird bei Vögeln zur Unterscheidung von Männchen und Weibchen gebraucht.

heil, ganz, sehr; heil un ganz, heil un deil, ganz und gar.

heisch, heiser.

heit, heiß.

heiten, heißen.

hellsch, höllisch; s. grausam.

helpen, helfen; hülp, half; hulpen, geholfen.

hendal, nieder.

hendör, hindurch.

henrecken, hinstrecken.

her. In den Zusammensetzungen von her mit Präpositionen fällt „he" weg. Es steht demnach stets z. B. für herab rasse, heran ran, herüber röwer, herein rin, herum rümmer, herunter runne, herauf rup, heraus rut u. s. w.

Hester, Elster.

hewwen, haben; heß, hast; hett hat; hadd, hatte; hatt, gehabt; sik hewwen, sich haben, sich geberden.

hill, hild, eilig.

Hinne, Hinner, Eigenn. Heinrich.

Hitt, Hitze.

tau Höcht, in die Höhe.

Hochtid, Hochzeit.

holl, hohl; holl un boll, Verstärkung von hohl.

hollen, halten; höll, hielt; hollen, gehalten.

Holt, Holz; auch Hain.

Holtschrag, Häher.

Hop, Haufe.

Hor, Haar.

horken, horchen.

Hufschmidt. Jeder zünftige Schmiedegeselle in Deutschland reist entweder „auf Hufschmidtsch" oder „auf Companisch" oder „auf Seehahnsch". Diese drei Arten sind Modificationen der für alle zünftigen Schmiede geltenden Formen. Die Preußen reisen meistens auf Hufschmidtsch, die Mecklenburger auf Companisch und die Schmiedegesellen aus den Hansestädten auf Seehahnsch.

hojahnen, gähnen.

Hümpel, Haufe.
hüren, hören, gehören.
Hus, Haus; Husdör, Hausthür.
Hüsung, Wohnung.
hüt, heute.
Hut, Haut.
Huw', Haube.

gräun Jäger, grüner Wasserfrosch.
jäken, jucken.
janken, verlangen, lechzen.
idel, eitel; auch ganz.
jedwerein, jedermann.
ihr, ehe, bevor.
Ihr, Ehre; ihrbor, ehrbar.
ji, ihr.
jichtens, irgend.
Imm, Biene; Immenschur, Bienenschauer. Schauer wird jedes nach einer seiner Hauptfronten hin offenes Gebäude genannt.
inblimen, zu Hause bleiben.
Ine, mine, Mu, Anfang eines Kinderreims (s. z. Afzählen).
insleiten, einschließen.
inkleden, einkleiden.
intwei, entzwei.
Jochen, Eigenn. Joachim; diminut. Jöching.
Johr, Jahr; Johrener drei, gegen drei Jahre.
Ird, Erde.
Irdischk, Hänfling.
Irnst, Ernst: irnst, ernst.
irst, erst; de irst, der erste; in't Irst, zuerst.
Isen, Eisen.
isig, eisig.

itzig, auch idig, derselbe; itzig allein, ganz allein.
juchen, jauchzen.
jug, euch; jug', euer.
jung warden, geboren werden.
Iwer, Eifer; iwrig, eifrig.

Käd, Kette.
Kahl, Kohle.
Käk, Küche.
kaken, kochen; kakig, kochend.
kamen, kommen; kem, kam; kamen, gekommen.
Kamer, Kammer; Kamerdör, Kammerthür.
Kamp, Feld.
känen, können; künn, konnte; künnt, gekonnt.
kapperniren, zerbrechen, tödten.
Karnalli, Canaille.
Karnalljenvagel, Canarienvogel.
Karrensälen, Schiebkarrenseil, welches über die Schultern gelegt wird.
Katen, Wohnung der Tagelöhner auf dem Lande.
Katteiker, Eichkätzchen, Eichhörnchen.
Kauh, Kuh.
käuhlen, kühlen.
Kauken, Kuchen.
Kef, Mund, Maul.
Kekelreim, Zungenbändchen.
Kesin, Cousine.
Ketel, Kessel; Ketelschüren, Kesselscheuern.
kihren, kehren; ut de Kihr gahn, aus dem Wege gehen; tau Kihr gahn, klagen, jammern.

kiken, gucken, sehen; kek, sah; keken, gesehen.

Kindelbir, Kindtaufe.

Kirl, Kerl.

Kiwitt, Kibitz.

Klaben, Kloben.

klänen, schwatzen, sprechen.

Klas, Dummbart.

klätrig, erbärmlich, armselig.

Klats (von collatio) Mahl.

klauk, klug.

Kled, Kleid.

kleien, krauen, reiben.

Klewer, Klee; Klewerwörtel, Kleewurzel.

Klock, Uhr; Klock ein, ein Uhr ꝛc.

klotzen, glotzen.

Klump, Kloß.

klunzig, feucht und schwer wie ein Kloß; vom Brode gebraucht.

Klür, corrumpirt aus couleur.

klüten, mit Erdklößen werfen.

knäglich, kläglich.

Knaken, Knochen; knäkern, knöchern.

Knast, Ast.

Knäwel, Finger; ist nur im plur. gebräuchlich.

Knei, Knie.

Knirk, Wachholder.

knöpen, knüpfen, knöpfen.

Knorren, knorrige Auswüchse beim Baum.

Knupp, Knospe; auch Knoten.

Knütt, Strickzeug; knütten, stricken; Knüttelsticken, Stricknadeln.

Koffe, Kaffee.

koll, kolt, kalt.

köpen, kaufen; köfft, kaufte; köfft, gekauft.

Kopp, Kopf; dimin. Köpping.

kopperig, kupferig.

Koppheister (auch Kranzheister) scheiten, Kobold, d. h. kopfüber schießen.

köpplings, kopfüber.

kören, schwatzen.

Korl, Eigenn. Karl, dimin. Körling.

Korlin, Eigenn. Karoline.

kort kurz; körtlings kürzlich.

Köst, Schmaus; auch Kruste des Brodes.

Kräkeli, Streit.

kräpeln, mühsam sich bewegen.

Kraſch', Courage, Kraft.

Kröt, Krötending (von Kröte) bezeichnet stets ein kleines, aber sich hervorthuendes Wesen.

in de Kraz gahn, drauf, verloren gehen.

Kraun, Kranich.

Krömels, Krumen, Brosamen.

Krei, Krähe.

kreien, krähen.

Krischan, Eigenn. Christian; dimin. Krischäning.

krischen, kreischen.

Kropp, Kropf.

krupen, kriechen; kröp, kroch; krapen, gekrochen.

krus, kraus.

krüsen, kräuseln.

Krut, Kraut, Gras, Futter.

Krüz, Kreuz.

Kuffert, Koffer.

Kuhnhahn, Puter, Truthahn.

Küken, Küchlein.

Küll, Kälte.

künnigen, kündigen.

kurlos, trostlos.

Kurn, Korn; Kurnbähn, Kornboden.
kuschen (von coucher), still liegen.
küseln, kreiseln, wirbeln.

Lad, Lade, Koffer.
Läg', Lüge; Lägner, Lügner.
Lak, Laken, Tuch.
lanket, entlang.
lanking, nanking.
lat, spät.
laten, lassen; auch kleiden, stehen; lett, läßt; let, ließ; laten, gelassen.
Läus', Geleise.
lawen, loben.
Leb, Leid; auch Lied.
Lebber, Leder.
lebbig, ledig, leer.
leg, schlecht; leger, schlechter; legst, schlechteste.
leggen, legen.
leigen, lügen; lög, log; lagen, gelogen.
leiw, lieb; leiwen, lieben; Leiw, Liebe; Leiwesbreiw, Liebesbrief.
Lepel, Löffel.
Lewark, Lerche.
Lewen, Leben; lewig, lebendig.
Lex, Lection.
licht, leicht.
licken, lecken.
liden, leiden, erlauben; auch anstehen, passen; led, litt; leden, gelitten.
liggen, liegen; leg, lag; legen, gelegen.
Likdorn, Leichdorn, Hühnerauge.
liketst, dennoch.
likkerwelt, Verstärkung von lik — gleich.
linkelang, Verstärkung von entlang.
liren, lernen; auch lehren.
lis', leise.
Liw, Leib.
Lock, Loch.
lopen, laufen; lep, lief; lopen, gelaufen.
Lucht, Luft.
luchten, lüften; auch leuchten.
Lüchtung, Blitz.
lud, laut; Lud, Laut.
Lüd', Leute.
Lum'm, Lumpen.
lungern, gierig sein.
luren, lauern, warten; Lurer, Laurer.
Lus, Laus.
lute, lauter.
Luten, Eigenn. Ludwig.
lütt, klein.

mäglich, möglich.
Mähl, Mühle.
maken, machen; in de Mak hewwen, in der Mache haben, vorhaben.
man, als Adverb. nur.
Man, Mond; Manschin, Mondschein.
Mandag, Montag.
mang, zwischen.
männig, männigeen, mancher; männigmal, manchmal.
Marik, Eigenn. Marie.
Mäten, Mädchen.
Maud, Muth.
mäud, müde.
mäusam, mühsam.
meiden, miethen.
meindag nich, niemals.
Meisk, Meise.

meisteils, meistentheils.
mellen, melden.
'ik mengliren, sich einmischen.
Meß, Mist.
meten, messen.
Mil, Meile.
Minsch, Mensch.
Modd (Mod) Moder, Morast, Schmutz.
Moder, Mutter.
monkiren, corrumpirt aus moquer, spotten, höhnen.
mör, mürbe.
morrn, morgen; vörmorrn, heute Morgen.
Mortriden, Alpdrücken.
möten, hüten, wehren, hindern; mött, hütete; mött, gehütet.
möten, müssen; müßt, mußte; müßt, gemußt.
Mul, Maul.
Mümmel, Wasserrose.
Mundsmack, Leckerbissen.
Mur, Mauer; Murer, Maurer.
Murd, Mord; Mürder, Mörder.
Mus, Maus, plur. Müs'; Musbuck, Mausbock; Mus'lock, Mauseloch.
Musch, corrumpirt aus monsieur.
Musch, Moos.
Mutterschäping, Mutterschäfchen.

Nachtkost, Abendbrot.
nägen, neun.
nah, nach, zu.
nahrsch, närrisch.
nahst, nahsten, nachher, späterhin.
Nahwer, Nachbar; Nahwerich, Nachbarin.
Nät, Nuß.
naug, genug.
nedder, nieder.
Neg', Nähe; neg' nahe; negstendags, in den nächsten Tagen.
neihen, nähen.
Nestbutt (auch Nestküken) Nestküchlein.
ni, nig, neu.
niglich, neugierig.
Nücken, Launen, Einfälle.
nüdlich, niedlich.
nuschen, nüschen, durchprügeln.
nütt, nütze.

Ödderst, oberst.
Og, Auge, plur. Ogen; Ogenbranen, Augenbraunen; Ogenschin, Augenschein.
ok, auch.
oll, olt, alt; wird häufig als Liebkosung gebraucht; Comp. öller, Superl. öllst; de Oll, der Alte; de Ollsch, die Alte.
Oellern, Eltern.
Ort, Art.
Oß, Ochse.

Päding demin. von Päd — Pathe.
Pankauken, Pfannkuchen, Eierkuchen.
Päpermähl, Pfeffermühle; Witzwort für ein geschwätziges Mundwerk.
Paschen (von Passion) Leidenswoche. War früher auch als Vorname gebräuchlich.
tau Paß, gelegen, willkommen, gut.
Pasterjahn, corrumpirt aus Sebastian. Nach der Volksmeinung tritt an diesem Tage bei der Weide der Saft in den Bast.

Pin, Pein.
Pip, Pfeife; pipen, pfeifen.
Piphacken nennt man die unschöne und auf Schwäche deutende Zuspitzung des Sprunggelenks bei Pferden.
Plan, Ebene.
plätern, plätschern.
Plätertasch, Plappertasche.
pleggen, pflegen.
plinsen, still weinen.
pliren, blinzeln.
plücken, pflücken; auch Kraut schneiden.
Plün'n, Lappen, Fetzen.
plustrig, zerzaust.
Pogg, Frosch; Poggenkanter, Vorsänger der Frösche.
pohlen, in ausländischer Sprache reden; auch unverständlich reden, z. B. von Kindern gebraucht.
Poll, Haube, Federbusch bei Vögeln.
Pöpping, Püppchen.
porwis, paarweise.
Post, Pfoste.
Pot, Pfote.
Potschon, Portion.
Pott, Topf, plur. Pött; Pottkoken, Topfkuchen.
prälamiren (von präpariren), vorbereiten.
prat, parat, fertig.
preischen, poneln, auseinander stieben.
pucken, pochen.
Purt, Pforte.
Purren, auch Huphup genannt, sind an einem Ende beschabte Pfeifen von Weidenrinde, die einen schnarrenden Ton geben.
pusten, blasen; Pust hollen, anhalten, um frischen Athem zu schöpfen; ut de Pust, außer Athem; Püster, Blasebalg.
Pütt, Pfütze.
Putzen driwen, Possen treiben.

quaren, nergeln, weinen.
Quesen, Blasen, Schwielen.
quick, heiter, zufrieden.
quälchen, keuchen, husten.

Rabhoen, Rebhuhn.
racken, kratzen.
Rackerwohr, Rackertüg, Rackerzeug.
räken, rechen.
Rämel, Rain.
rammeln, drücken, würgen
rank, schlank.
raschen, gähren.
rätern, rasseln, sich rühren.
Rau, Ruhe; rauen, ruhen.
Raud, Ruthe.
Rauder in dem Kinderreim „Aderder du Rauder ꝛc." soll wohl heißen Räderer.
räuken, pflegen, sein Recht angedeihen lassen.
raupen, rufen; röppt, ruft; rep, rief; raupen, gerufen.
Raw, Rabe.
recken, reichen.
Reich. Darunter versteht der norddeutsche Handwerksgesell das westliche Mittel- und Süddeutschland.
Rekel, Taugenichts.
reken, rechnen.
rendlich, reinlich.
Richt, Ordnung.

rik, reich; rik Kirl, reicher Mann.
Rike, Riking, Eigenn. Friederike.
Rillen, Furchen.
Rip, Reif.
riten, reißen; ritt, reißt; ret, riß; reten, gerissen.
riw', verschwenderisch.
riwen, reiben; rew', rieb; rewen, gerieben.
rod, roth.
rögen, rühren.
Rohm, Sahne, Rahm.
rohren, weinen.
Rok, Rauch.
rönnen, rennen, rinnen; Rönnstein, Rinnstein, Gosse.
Row, Raub; rowen, rauben; Röwer, Räuber.
rug, rauh, auch roh.
Ruhr, Rohr.
Ruhrsparlingsch, Rohrsperlingsweibchen.
rüken, riechen; rök, roch; roken, gerochen.
Rum, Raum.
Rümmerdriwer, Herumtreiber.
rasseln, rasseln.

säben, sieben.
sacken, sinken.
Sacksband, starker Bindfaden.
sagen, sägen.
Söhn, Sohn.
Sak, Sache.
säker, sicher.
sälen, sollen; süll, sollte; süllt, gesollt.
säuken, suchen; söcht, suchte; söcht, gesucht.
säut, süß.
Schacht, Schaft, Stange; auch Schläge. In der letzteren Bedeutung versteht man darunter sowohl das Strafinstrument, als auch die Wirkung (ebenso wie bei Tagel); schachten, schlagen.
Schacker, Krammetsvogel.
Schapp, Schrank.
Schauw, Schaar.
schawwig, schäbig.
schein, geschehen; schücht, geschieht; gescheg, geschah; geschein, geschehen.
scheiten, schießen; schütt, schießt; schöt, schoß; schaten, geschossen.
schellen, schelten; schüll, schalt, schullen, gescholten.
schinen, scheinen.
schir, gerade, schlank gewachsen; auch als Verstärkung, wo der Hochdeutsche „rein" gebraucht, z. B. „rein zu arg."
Schockelor, Chocolade.
Schören, Scherben.
Schörl, Schürze; Schörtenband, Schürzenband; Schortfell, Schurzfell.
schorwarken, scharwerken, wirthschaften.
Schosteen, Schornstein.
Schöttel, Schüssel.
Schottschen, Schottisch (Tanz).
schregeln, unbeholfen gehen.
schrigen, schreien.
schriwen, schreiben; schrew, schrieb; schrewen, geschrieben; schrewen Schrifft, Schreibschrift.
Schrumpeln, Runzeln.
schu, scheu; Schu, Scheu.
schüchern, scheuchen.
schubben, schütteln.

schuddern, schaudern.
Schubbut, Uhu.
Schullen, Schultern.
Schülp, Schilf.
Schün, Scheune; Schündack, Scheunendach.
schurig, schaurig.
schütten, schützen.
schuwen, schieben; schöw, schob; schaben, geschoben.
seggen, sagen; säd, sagte; seggt, gesagt.
sei, sie (s. hei).
sei'n, sehen; süht, sieht; seg, sah; sein, gesehen.
Sell, Gesell.
setten, setzen.
sid, seit.
Sid, Seite; sidwarts, seitwärts; up de Siden kamen, auf die Seiten kommen, d. h. züchtigen.
Sid', Seide; siden, seiden.
sihr, sehr.
sin, sein; sinesgliken, seinesgleichen.
sitten, sitzen; set und satt, saß; seten, gesessen.
sladdern, schlottern; sladrig, schlotterig.
Slak, Schlacke.
slahn, schlagen; sleit, schlägt; slög, schlug; slagen, geschlagen.
slapen, schlafen; slöppt, schläft; slep, schlief; slapen, geschlafen; Slapstäd, Schlafstelle.
Slätel, Schlüssel.
slicht, schlecht.
sliken, schleichen; slek, schlich; sleken, geschlichen.
Slir, Abfall.
slohwitt, schlohweiß.
sluken, schlucken; slök, schluckte; slaken, geschluckt; en Sluck, ein Glas Branntwein.
Slüngel, Schlingel.
sluten, schließen; slöt, schloß; slaten, geschlossen.
Smäd, Schmiede; smäden, schmieden; Smädsch, Schmiedefrau.
smeren, schmieren.
smidig, geschmeidig.
smiten, schmeißen, werfen; smet, warf; smeten, geworfen.
smüstern, schmunzeln.
snacken, schwatzen, sprechen.
Snarrendart, Wachtelkönig.
Snei, Schnee.
snerren, schnurren.
sniden, schneiden; snedd, schnitt; sneden, geschnitten; Snider, Schneider.
Snipel, Leibrock, Frack.
snorken, schnarchen.
snurren, betteln; Snurrer, Bettler.
snurrig, sonderbar.
Snut, Schnauze, Nase.
Sod, Brunnen; Sodkist, Brunneneinfassung.
sörredem, früher.
söß, sechs; sößtein, sechszehn; söß-töllig, sechszöllig.
spaddeln, zwecklos die Glieder rühren.
Sparling, Sperling.
spauden, spuden, eilen.
spelen, spielen.
Spillverlöper, Spielverläufer, Störenfried.
Spirken, Blechen.

Spill, Spieß.
Spitzbauw, Spitzbube.
Splëdder, Splitter.
'sporen, sparen.
Sprak, Sprache.
Sprein, Staar.
spreken, sprechen; sprök, sprach; spraken, gesprochen.
staatsch, stattlich.
Städ, Stelle.
stahn, stehen; steiht, steht; stünn, stand; stahn, gestanden.
stähnen, stöhnen.
stamern, stottern.
Stänner, Ständer, Pfeiler.
Start (auch Stiert), Schwanz.
Stathöller, Statthalter, Vogt.
stats, statt.
Staul, Stuhl.
Stäwel, Stiefel.
stehlen, stehlen; stöhl, stahl; stahlen, gestohlen.
steibel, steil.
steken, stechen, stecken.
Stel, Stiel.
Stemhagen, Stavenhagen, Stadt in Mecklenburg (Reuters Geburtsort).
'n Sticken steken, einen Streich spielen.
stigen, steigen; steg, stieg; stegen, gestiegen.
stippen, tauchen, tunken.
Stirn, Stern; auch Stirne.
stiw, steif.
stöben, stäuben.
Stock, Schimmel.
Storm, Sturm.
störten, stürzen.
stöten, stoßen; Stot, Stoß.
stöwen, stäuben, stieben.
straken, streicheln.
Strämel, Streif: von der Zeit gebraucht: eine Weile.
Strat, Straße.
strewig (von Strewe, Stütze), kräftig, zuverlässig: wird nur auf körperliche Kräfte angewandt.
Strid, Streit. striden, streiten; streb, stritt; streden, gestritten.
striken, streichen; strek, strich; streken, gestrichen.
ströpen, streifen.
Struk, Strauch, Ruthe.
stückt, gestückt, geflickt.
up Stun'ns, zur Stunde, jetzt.
stur, gerade.
stüren, steuern, mäßigen, aufhalten.
Stuten, Semmel. Stutenflechten ist ein in Mecklenburg übliches Backwerk.
Stuw, Stube.
süfzen, seufzen.
sugen, saugen; sög, sog; sogen, gesogen.
sülwern, silbern.
sülwst, selbst; sülwt, selb.
Sünn, Sonne; Sünnenschin, Sonnenschein; Sünndag, Sonntag.
Sün'n, Sünde.
sunnen, gesonnen.
supen, saufen; söp, soff; sopen, gesoffen.
sur, sauer.
süs, sonst.
Sufänger, Verschwender, Herumtreiber, Vagabond.
susen, sausen.

swack, schwach.

Swad, Schwad, Haufen (von Heu und Korn).

Swälk, Schwalbe.

swart, schwarz.

Sweit, Schweiß.

swemmen, schwimmen.

swengen, schwingen.

swigen, schweigen; sweg, schwieg; swegen, geschwiegen.

Swin, Schwein; Swinegel, Igel, Schweinigel.

swinn, geschwind.

swor, schwer; Comp. swönner; Sup. swönnst.

swören, schwören.

tag, zähe.

Tagel, Schläge; auch Stock (s. Schacht).

tagen, erzogen.

Tähn, Zahn.

Takel, Takeltüg, Gesindel.

tämlich, ziemlich.

Tang', Zange.

Tater, Zigeuner; wird als Schimpfwort gebraucht.

tau, zu.

taufreden, zufrieden.

taugliik, zugleich.

tauhopen, zusammen.

tauirst, zuerst.

taunicht, zunicht.

taurecht, zurecht.

taurügg, zurück.

tausam, zusammen.

Tausch wird der Sohn eines Meisters genannt.

taustöten, zustoßen.

Tautog, Zuzug.

täuwen, warten.

tauwilen, zuweilen.

Tehn, Zehe.

tehren, zehren.

teigen, zehn.

Teiken, Zeichen.

teihn, ziehen; tüht, zieht; tög, zog; tagen, gezogen.

Telgen, Zweig.

tellen, zählen.

t'end, zu Ende, daher entweder oberhalb oder auch unterhalb.

terbraken, zerbrechen.

terreten, zerrissen.

Thorm, Thurm.

Thran, Thräne; Thranendrapp, Thränentropfen.

Tid, Zeit; tidig, zeitig; tidlewens, zeitlebens.

Timmerlüd', Zimmerleute.

Timpen, stumpfe Ecke.

Tog, Zug, plur. Täg; Togdeel, Zugtheil.

torren, zerren.

töwert, verzaubert.

Trad, Geleise, Spur.

Tralling, Gitter.

trecken, ziehen; Treckeltid, Umzugszeit.

Tru, Trauung.

tru, treu; trugen, trauen.

Truer, Trauer; trurig, traurig.

Tuchthus, Zuchthaus.

Tuck hollen, fest halten an etwas.

Tüffeln, Pantoffeln.

Tüften, Kartoffeln; Tüftenschell'n, Kartoffelschälen; Tüftenbuddeln, Kartoffeln aufnehmen.

Tüg, Zeug.

Tüg', Zeuge; tügen, zeugen; Tügniß, Zeugniß.

Tun, Zaun.

Tung', Zunge.

Tüsch, enges Gäßchen; Tüschenhüschen, der enge Raum zwischen zwei Häusern.

tüschen, zwischen.

twei, zwei; tweit', zweite.

Twig, Zweig.

twintig, zwanzig.

twischen, zwischen.

twölw, zwölf.

tworst, zwar.

Uhl, Eule.

Uhr, Ohr.

üm, um; üm un dümm, um und um.

ümmertau, immerfort.

Unkel, Onkel.

un'n, unten.

unverseins, unverwohrs, unvorhergesehen, plötzlich.

Unrau, Unruhe.

up, auf; up un dal, auf und nieder.

upfreten, auffressen.

upgereten, aufgerissen.

upheben, aufheben.

Uplag', Auflage.

upmaken, aufmachen.

upslahn, aufschlagen.

upseggen, aufsagen.

upsluten, aufschließen.

upsporen, aufsparen.

upstahn, aufstehen.

upstöten, aufstoßen.

upwaken, aufwachen.

Urt, Ort, plur. Uert.

ut, aus; uteneener, auseinander; uter, außer.

utäuwen, ausüben.

utdrei'n, ausdrehen.

utgahn, ausgehen.

utgesöcht, ausgesucht; wird oft statt utmakt (ausgemacht) gebraucht.

uthollen, aushalten.

uthorken, aushorchen.

Utkunft, Auskunft.

utriten, ausreißen.

utsäuken, aussuchen.

utseihn, aussehen.

utschriwen, ausschreiben. Der Lehrbursche wird ausgeschrieben, d. h. zum Gesellen gemacht.

Utstür, Aussteuer.

Vadder, Gevatter.

Vader, Vater.

Vadermörder, Vatermörder.

Vagel, Vogel; plur. Vägel.

vel, viel.

verbas't, stumm vor Staunen oder Schreck.

verbläuden, verbluten; verblödd, verblutete; verblödt, verblutet.

verbreken, verbrechen; verbrök, verbrach; verbraken, verbrochen.

verdäsen, vergessen; verkommen.

sik verderen, sich erholen.

verdreit, verdreht; verdreitlich, verdrießlich.

verdriwen, vertreiben; verdrew, vertrieb; verdrewen, vertrieben.

verdrögt, vertrocknet.

Verdung, die Uebergabe einer ganzen

Arbeit gegen eine festgesetzte Gegenleistung; von verdingen als Gegensatz von Tagelohn.
verdwas, quer, schief.
verfieren, erschrecken.
verfrigen, verheirathen.
vergellen; vergelten; vergüll, vergalt; vergullen, vergolten.
vergeten, vergessen; vergütt, vergißt; vergät, vergaß; vergeten, vergessen.
verkamen; verkommen.
verklackern, unnütz ausgeben.
sik verkrämpeln, sich einlassen.
sik verkrupen, sich verkriechen; verkröp, verkroch; verkrapen, verkrochen.
verleden, verleiden.
verleden Johr, vergangenes Jahr.
verluren, verloren.
sik verpusten, sich verschnaufen.
versacken, versinken.
versapen, versoffen.
versmaden, verschmähen.
sik versöpen, sich versenken, ertränken.
versupen, versaufen.
verswigen, verschweigen; versweg, verschwieg; verswegen, verschwiegen.
vertagen, verzogen.
vertellen, erzählen.
Vertrugen, Vertrauen.
Vigelin, Violine.
vonein, auseinander.
vör, vor, für; vöräwer, vorüber.
vörbi, vorbei; vörut, voraus.
vör'n, vorne.
vörrig, vorig.
vull, voll.
Vurthel, Vortheil.
wählig, muthwillig, üppig.
wahnen, wohnen.
waken, wachen.
wanken wird vom bloßen Wandern und Gehen ohne bestimmtes Ziel gesagt.
warden, werden; würd, wurde; worden, geworden.
Wasdauk, Wachstuch.
wassen, wachsen; wöß, wuchs; wassen, gewachsen.
Water, Wasser.
wäulen, wühlen.
weck, welche, einige; weckein, jemand.
wedder, wieder.
Wedderschall, Widerhall.
Weder, Wetter.
Wedhopp, Wiedehopf.
wei, weh; Wei, Weh; weimäudig, wehmüthig.
Weig, Wiege; weigen, wiegen.
weihn, wehen.
weik, weich.
Weiten, Weizen.
weiten, wissen; wüßt, wußte; wüßt, gewußt.
wennen, wenden.
wennihr, fragweise für wann.
Wepeldorn, Rosendorn.
Wepstart, Bachstelze.
wer, wen, wird häufig für jemand gesetzt.
wesen, wesen daun, sein; wir und was, war; west, gewesen.
weust, wüst.
Wewer, Weber.
wid, weit; wider, weiter.
Wid, Weide.
Wih, der Weih (Raubvogel).

wiken, weichen.

wil, weil.

wil dat, wil deß, während.

Wile, wile, Locktöne für junge Gänse.

will, wild.

will un wall, Verstärkung von wohl.

Win, Wein.

win'n, gewinnen; wünn, gewann; wunn'n, gewonnen.

Wis', Weise.

Wisch, Wiese; Wischenlom, Wiesensaum.

wisen, weisen, zeigen.

wiß, fest, sicher; wiß warden, eingedenk sein, sich überzeugt haben.

witt, weiß.

Witten, Heller (der vierte Theil eines mecklenb. Schillings).

Wiw, Weib.

wo fragweise wird häufig für wie gebraucht.

woannerst, anderswo.

wohr warden, gewahr werden.

wohren, bewahren, hüten, pflegen, auch währen.

Wohren, Waren, Stadt in Mecklenburg.

wohrschugen, beobachten.

woll un will, gut bestellt.

wölteern, wälzen.

woneben fragweise für wo.

Worm, Wurm; dimin. Würming.

Wrausen, Rasen.

Wurt, Wort; plur. Würd'.

Wust, Wurst.

Zaustern, heftiges Schwätzen.

Zeg', Ziege.

zeitlich, mäßig, spärlich.

zipp, spröde, geziert.

zupsen, zucken.

www.ingramcontent.com/pod-product-compliance
Lightning Source LLC
Chambersburg PA
CBHW021125270326
41929CB00009B/1047
* 9 7 8 3 7 4 2 8 2 9 2 7 6 *